한번만 읽으면 끝나는
직감 영작문

초판 1쇄 발행 2009년 8월 20일
초판 7쇄 발행 2019년 8월 1일

지은이 명승철

펴낸이 김영철
펴낸곳 국민출판사
등록 제6-0515호
주소 서울특별시 마포구 동교로 12길 41-13 (서교동)
전화 (02)322-2434(대표)
팩스 (02)322-2083
홈페이지 www.kukminpub.com

편집 양승순, 최용환, 김옥남
디자인 서정희

경영지원 한정숙
표지, 내지 디자인 디자인 클럽

ⓒ 명승철, 2009

ISBN 978-89-8165-204-3 03740

* 이 책은 저작권법에 따라 보호받는 저작물이므로 무단전재와 무단복제를 금지하며, 이 책의 전부 또는 일부를 이용하려면 국민출판사의 서면 동의를 받아야 합니다.
* 잘못된 책은 구입한 서점에서 교환하여 드립니다.

명승철 저

Preface
책을 내면서

　인터넷이 보편화되기 전에는 해외업무를 주로 담당하는 직장인들과 대부분의 대학생들이 어떻게 하면 영어회화를 잘할 수 있을지가 주된 관심사였다. 하지만 전 세계가 인터넷을 통해 실시간 커뮤니케이션이 가능해지면서 이제는 더 이상 팩스를 주고받거나 한밤중에 미국인들과 전화통화를 해야 하는 부담감이 거의 사라졌다. 바로 이메일이라는 좋은 커뮤니케이션 수단이 있기 때문이다. 그래서 이제는 이메일을 자유롭게 주고받을 수 있는 작문 실력을 키우는 데 영어공부의 초점을 맞추는 것이 더 바람직할지도 모른다. 단지 영어로 된 지문을 어느 정도 읽을 수 있거나 쉬운 말을 들을 수 있다고 해서 영어공부의 효과를 제대로 보기는 힘든 실정이다. 더욱이 독해력이나 청취력만으로는 영어실력을 향상시키는데도 한계가 있다. 그래서 한국에 살면서 영어회화를 생활화하기 힘들다면 작문에 도전하는 것이 가장 큰 공부효과를 얻을 수 있는 지름길이라고 생각한다. 영작문을 잘하면 유리한 점이 한두 가지가 아니다. 일단 국제화 시대에 세계의 어느 곳과도 이메일을 통해 자유롭게 의사소통할 수 있다. 외국인과의 교류는 물론이고 온라인으로 물건도 마음껏 살 수 있다. 만약 이 책을 읽고 있는 독자가 영어권 나라로의 유학을 계획하고 있다면 대학에 입학하기 위해 쓰기(writing) 능력이 얼마만큼 중요한지도 잘 알고 있을 것이다.

　본 교재는 암기 위주보다는 학습자가 자연스럽게 영문장의 원리를 이해하고 비슷한 형태의 문장을 응용하고 작문해봄으로써 누구나 쉽게 작문에 도전할 수 있도록 구성되어 있다. 필자가 10년 이상 작문 강의를 하면서 느낀 점은, 결국은 예문의 문장 형태를 모방함으로써 영어 표현의 습관과 원리를 피부로 느끼는 것이 작문을 공부하는 학습자에게 효과적인 학습방법이라는 것이다. 이러한 학습법은 수강생들에게 상당한 호응을 받았고, 이와 같은 「문법 + 작문」 또는 「구문 + 작문」 수업을 들은 학생들이 불과 몇 개월 만에 작문에 익숙해지고 영문장에 대한 개념을 빠르게 파악하는 것을 볼 수 있었다. 그래서 영작문에 도전하는 많은 사람들에게 이 학습 방법을 전해주고 싶어 필자는 강의 자료를 바탕으로 구문을 다시 체계적으로 정리하여 이 책을 집필하게 되었다.

영어 학습법을 개발하는 전문가들은 가끔 자신만이 느낀 아주 단편적인 것을 가지고 마치 영어 공부에 대한 모든 해답을 줄 수 있는 것처럼 주장하기도 한다. 그동안 다양한 연령과 다양한 수준에 맞추어 능률적으로 공부할 수 있는 좋은 영어 교재들이 많이 출간되었다. 그런데 이러한 여러 특성을 가진 교재들이 모든 학습자에게 적합한 것은 아니다. 일부 교재에서는 영어 구문이나 문법을 일부러 공부하지 말고 어린 아이가 처음 우리말을 배우듯이 영어를 접하라고 말하지만, 한국에 살면서 영어를 자주 접하지 못하는 대부분의 성인들에게는 현실적으로 어려운 이야기다.

이 책을 읽어본 독자라면 이 책이 간단한 회화 수준을 넘어서 해외유학이나 업무에서 필요로 하는 일정수준 이상의 영작문 실력을 완성하는 데 도움을 줄 것이라고 확신할 것이다. 그렇다면 독해뿐만 아니라 영어 문장에 대한 체계적인 학습 과정을 거치는 것이 바람직하다. 그러나 문법이나 구문을 공부할 때 그냥 이론으로만 공부해서는 아무런 의미가 없다. 즉, 영어 문장은 작문이나 회화를 통해 공부해야만 문장 구조를 피부로 느낄 수 있고, 다시 반복해서 영어교재를 보지 않고도 표현을 자기 것으로 만들 수 있다. 상당수의 학습자들이 설명에만 치우친 영어 교재를 반복해서 읽고 난 후 시간이 지나면 외운 것을 잊어버리곤 한다. 그러나 작문을 통해서 구문이나 문법을 자연스럽게 익히게 되면 영어를 언어적으로 이해하고 실질적인 영문장을 구사할 수 있게 되므로, 이후에 어떤 형태의 영어 학습법을 선택하든 영어실력이 빠르게 늘 수밖에 없다.

이 책은 영어에서 가장 보편적으로 사용하는 구문들을 교과서처럼 체계적으로 다루고 있으며, 기본기를 다지고 있는 이들은 물론 독해와 문법에 능통한 사람들까지 편하게 공부할 수 있도록 충분한 문장 설명과 작문에서 사용될 단어들을 예시해주고 있다. 본 교재로 공부하기 전에 다음 페이지에 나오는 "이 책의 활용법"을 반드시 읽고 책의 장점을 최대한 활용하여 공부하길 바라며, 끝으로 영작문에 도전하는 여러분에게 이 책이 단비가 되었으면 하는 바람이다.

지은이 **명 승 철**

Preview
이 책의 **활용법**

작문 포인트

구문(표현) 포인트와 기본적인 문장형태 설명, 그리고 혼자 읽고도 작문에 쉽게 접근할 수 있도록 작문 요령을 순서대로 예시해주고 있다.

예문 들여다보기

예문을 통해 구문의 쓰임을 정확히 이해한 다음 작문에 접근한다.

---

01 DAY It is + 형용사 + that ...

It is necessary **that** you (should) exercise continuously in order to be in a good shape. 당신이 좋은 몸매를 유지하려면 지속적으로 운동을 하는 것이 필수적이다.

작문 포인트

It is + 형용사 + that ~ : ~ 하는 것은(하다니) ~ 하다

- It is 바로 뒤에 현재 사실(that 이하의 내용)에 대한 이성적, 감정적 판단을 나타내는 형용사가 오는 문장으로서, that절에는 '(should) + 동사원형'이 사용된다.
- 이성적, 감정적 판단을 나타내는 주요 형용사
  necessary / important / wrong / right / natural / surprising / strange / desirable
- 예제처럼 that절을 만들 때 「주어 + 동사」를 먼저 찾아서 구성하면 쉽게 작문에 접근할 수 있다.

| 예제 | 개가 낯선 사람에게 짖는 것은 당연하다.

STEP 1 It is natural that
→ 주절인 「It is natural that(~은 당연하다)」을 먼저 구성한다.

STEP 2 It is natural that **a dog (should) bark**
→ that절의 「주어 + 동사」를 만든다.

STEP 3 It is natural that a dog (should) bark **at a stranger**.
→ 동사 다음에 올 문장 요소를 완성한다. (여기서는 전치사구)

※ 조동사 다음에는 항상 동사원형이 와야 하므로 should가 생략되더라도 동사원형인 bark가 쓰였다는 것에 주의한다.

└ 완성된 문장 _ It is natural that a dog bark at a stranger.

예문 들여다보기

1. **It is** important **that** we as adults provide positive examples for our youths.
2. **It is** necessary **that** Korea adopt the debate culture.
3. **It is** wrong **that** they be treated so badly.

1 우리가 올바른 역사 인식을 갖는 것은 중요하다.

_____

correct 올바른 | perception of history 역사인식

2 운전자는 운전면허증을 지니고 다니는 것이 필수다.

_____

necessary 필수의 | carry 지니고 다니다 | driver's license 운전면허증

3 그녀가 그녀의 아들을 자랑스러워하는 것은 당연하다.

_____

natural 당연한 | be proud of ~ ~을 자랑스러워하다

4 그 물고기가 아직도 살아있다는 것은 이상하다.

_____

strange 이상한 | alive 살아있는

5 네가 그 백만장자의 제안을 거절하다니 놀랍다.

_____

surprising 놀라운 | reject 거절하다 | millionaire 백만장자

작문 따라잡기

작문 포인트와 예문을 충분히 이해한 후 동일한 형태의 작문을 직접 만들어본다.

어휘 참조

작문을 위해 일일이 사전을 찾지 않고도 가장 적절한 어휘를 참조하여 자신 있게 작문에 도전한다.

예문 돋아보기 해석
1 어른인 우리가 아이들에게 좋은/긍정적인 본보기를 보이는 것이 중요하다. | 2 한국은 도본 문화를 받아들일 필요가 있다. | 3 그들이 그렇게 나쁜 대접을 받는 것은 잘못된 일이다.

작문 따라잡기 해석
1 It is important that we (should) have the correct perception of history. | 2 It is necessary that a driver (should) carry a driver's license. | 3 It is natural that she (should) be proud of her son. | 4 It is strange that the fish (should) be still alive. | 5 It is surprising that you (should) reject the millionaire's offer.

예문 해석

예문해석은 직접 예문을 읽어본 후 의미파악이 어려울 때만 참조한다.

작문 해답

작문을 완성한 후 문장을 올바르게 이해했는지 바로 확인할 수 있도록 페이지 하단에 해답을 제공하고 있다.

contents 차례

책을 내면서   8
이 책의 활용법   10

CHAPTER 01 — it 구문   19

DAY 01	It is + 형용사 + that ...	20
DAY 02	It is + 형용사 + whether ...	22
DAY 03	It is(was) ~ that ... 강조구문	24
DAY 04	It is(was) not until ~ that ...	26
DAY 05	It is said that ...	28
DAY 06	It seems that ...	30
DAY 07	It takes ~ to ...	32
DAY 08	take it for granted that ...	34

CHAPTER 02 — 조동사 구문   37

DAY 09	cannot be ~	38
DAY 10	may well + 동사원형	40
DAY 11	may[might] as well + 동사원형	42
DAY 12	would rather ~ than ...	44
DAY 13	may[might] have + p.p.	46
DAY 14	must have + p.p.	48
DAY 15	cannot have + p.p.	50
DAY 16	could have + p.p.	52
DAY 17	should have + p.p.	54

CHAPTER 03 부정사, 동명사 구문   57

DAY 18	의문사 + to부정사	58
DAY 19	to부정사가 포함된 관용표현	60
DAY 20	too ~ to ...	62
DAY 21	형용사 + enough to ...	64
DAY 22	in order to ~ / so as to ~	66
DAY 23	be likely to + 동사원형	68
DAY 24	have + 목적어 + 동사 원형	70
DAY 25	have + 목적어 + p.p.	72
DAY 26	지각동사 + 목적어 + 동사원형/~ing	74
DAY 27	feel like ~ing	76
DAY 28	on[upon] ~ing	78
DAY 29	It is no use ~ing	80
DAY 30	be worth ~ing	82
DAY 31	be accustomed to ~ing	84
DAY 32	be used to ~ing	86
DAY 33	There is no ~ing	88
DAY 34	cannot help ~ing / cannot but + 동사원형	90
DAY 35	prevent + 목적어 + from ~ing	92

CHAPTER 04 분사 구문   95

DAY 36	명사 + 현재분사/과거분사	96
DAY 37	동사 + 현재분사/과거분사	98
DAY 38	현재분사 구문	100
DAY 39	과거분사 구문	102
DAY 40	독립분사 구문	104

contents 차례

DAY 41	compared with ~	106
DAY 42	with + 목적어 + ~ing	108
DAY 43	with + 목적어 + p.p.	110
DAY 44	with + 목적어 + 형용사/부사(구)	112

관계사 구문 — 115

DAY 45	주격 관계대명사 구문	116
DAY 46	목적격 관계대명사 구문	118
DAY 47	소유격 관계대명사 구문	120
DAY 48	관계사 what을 이용한 구문	122
DAY 49	관계대명사의 계속적 용법	124
DAY 50	복합관계대명사	126
DAY 51	복합관계부사	128

부정어구를 포함하는 구문 — 131

DAY 52	few ~ / little ~	132
DAY 53	never[not]... without ~	134
DAY 54	far from ~	136
DAY 55	free from ~	138
DAY 56	anything but ~ / nothing but ~	140
DAY 57	not A but B	142
DAY 58	not so much A as B	144

CHAPTER 07 대명사 구문   147

DAY 59	Either A or B	148
DAY 60	Neither A nor B	150
DAY 61	Both A and B	152
DAY 62	one ~ and the other ...	154
DAY 63	one ~, another ... and the other ~	156
DAY 64	재귀대명사의 관용적 표현 1	158
DAY 65	재귀대명사의 관용적 표현 2	160
DAY 66	A is one thing and B is another	162
DAY 67	those who ~ / one who ~	164

CHAPTER 08 시간, 조건, 이유, 양보를 나타내는 접속사 구문   167

DAY 68	every time + 주어 + 동사 ...	168
DAY 69	As soon as + 주어 + 동사 ...	170
DAY 70	by the time + 주어 + 동사 ...	172
DAY 71	no sooner + had +주어 + p.p. + than ~	174
DAY 72	since[as] + 주어 + 동사 ...	176
DAY 73	because / for ~	178
DAY 74	Now (that) + 주어 + 동사 ...	180
DAY 75	Though + 주어 + 동사 ...	182
DAY 76	despite + 명사/-ing	184
DAY 77	형용사/명사 + as + 주어 + 동사	186
DAY 78	whether A (or not) ~	188

contents 차례

CHAPTER 09 목적, 결과 구문 — 191

DAY 79	so ~ that ...	192
DAY 80	such ~ that ...	194
DAY 81	so that ~ may[can] ...	196
DAY 82	~, so that ...	198
DAY 83	lest ~ should ...	200
DAY 84	Once + 주어 + 동사 ...	202

CHAPTER 10 조건, 가정 구문 — 205

DAY 85	If + 주어 + 동사, 주어 + 조동사 + 동사원형 ...	206
DAY 86	If + 주어 + 과거동사[were] ~, 주어 + 조동사 과거 ...	208
DAY 87	If + 주어 + had p.p. ~, 주어 + 조동사 과거형 + have p.p.	210
DAY 88	If 생략(도치구문)	212
DAY 89	I wish + 가정법	214
DAY 90	as if [as though] ...	216
DAY 91	But for ~	218
DAY 92	in case (that)... / in case of + 명사/-ing	220

CHAPTER 11 비교구문 — 223

DAY 93	as ~ as ... / not so[as] ~ as ...	224
DAY 94	배수 + as ~ as ... / 배수 + 비교급 + than ...	226
DAY 95	as[so] long as ~ / as[so] far as ~	228
DAY 96	비교급 + than any other ~	230
DAY 97	Nothing is + 비교급 + than	232

| DAY 98 | the + 비교급 ~, the + 비교급 ... | 234 |
| DAY 99 | that[those] of ~ | 236 |

CHAPTER 12 — 도치구문   239

DAY 100	there/here~	240
DAY 101	So + 동사 + 주어 / Neither[Nor] + 동사 + 주어	242
DAY 102	부정어 + 동사 + 주어	244
DAY 103	부사(구) + 동사 + 주어	246
DAY 104	형용사 보어 + 동사 + 주어	248

CHAPTER 01

it 구문

It is + 형용사 + that ...

It is necessary **that** you (should) exercise continuously in order to be in a good shape. 당신이 좋은 몸매를 유지하려면 지속적으로 운동을 하는 **것이 필수적이다**.

It is + 형용사 + that ~ : ~ 하는 것은(하다니) ~ 하다

- It is 바로 뒤에 현재 사실(that 이하의 내용)에 대한 이성적, 감정적 판단을 나타내는 형용사가 오는 문장으로서, that절에는 '(should) + 동사원형'이 사용된다.
- **이성적, 감정적 판단을 나타내는 주요 형용사**
  necessary / important / wrong / right / natural / surprising / strange / desirable
- 예제처럼 that절을 만들 때 「주어 + 동사」를 먼저 찾아서 구성하면 쉽게 작문에 접근할 수 있다.

| 예제 | 개가 낯선 사람에게 짖는 것은 당연하다.

STEP 1 It is natural that
→ 주절인 「It is natural that(~은 당연하다)」을 먼저 구성한다.

STEP 2 It is natural that **a dog (should) bark**
→ that절의 「주어 + 동사」를 만든다.

STEP 3 It is natural that a dog (should) bark **at a stranger**.
→ 동사 다음에 올 문장 요소를 완성한다. (여기서는 전치사구)

※ 조동사 다음에는 항상 동사원형이 와야 하므로 should가 생략되더라도 동사원형인 bark가 쓰였다는 것에 주의한다.

↳ 완성된 문장 _ **It is natural that a dog bark at a stranger.**

예문 들여다보기

1. **It is** important **that** we as adults provide positive examples for our youths.
2. **It is** necessary **that** Korea adopt the debate culture.
3. **It is** wrong **that** they be treated so badly.

1 우리가 올바른 역사 인식을 갖는 것은 중요하다.

_____

correct 올바른 | perception of history 역사인식

2 운전자는 운전면허증을 지니고 다니는 것이 필수다.

_____

necessary 필수의 | carry 지니고 다니다 | driver's license 운전면허증

3 그녀가 그녀의 아들을 자랑스러워하는 것은 당연하다.

_____

natural 당연한 | be proud of ~ ~을 자랑스러워하다

4 그 물고기가 아직도 살아 있다는 것은 이상하다.

_____

strange 이상한 | alive 살아남은

5 네가 그 백만장자의 제안을 거절하다니 놀랍다.

_____

surprising 놀라운 | reject 거절하다 | millionaire 백만장자

---

day 01 answers

예문 들여다보기 해석
1 어른인 우리가 아이들에게 좋은(긍정적인) 본보기를 보이는 것이 중요하다. | **2** 한국은 토론 문화를 받아들일 필요가 있다. | **3** 그들이 그렇게 나쁜 대접을 받는 것은 잘못된 일이다.

작문 따라잡기 해석
1 It is important that we (should) have the correct perception of history. | **2** It is necessary that a driver (should) carry a driver's license. | **3** It is natural that she (should) be proud of her son. | **4** It is strange that the fish (should) be still alive. | **5** It is surprising that you (should) reject the millionaire's offer.

21

DAY 02 It is + 형용사 + whether ...

It is a question **whether** he will succeed **or not**.
그가 **성공할지 안할지**는 의문이다

작문 포인트

It is + 형용사 + whether ...(or not) : … 인지 아닌지는 ~ 하다

- 대게 whether 바로 다음이나 끝에 'or not'을 붙이지만 내용에 따라서 생략할 수도 있다.
- 주절을 완성한 다음 whether절을 만들 때 「주어 + 동사」를 먼저 찾아서 구성하면 쉽게 작문에 접근할 수 있다.

| 예제 | 그들이 핵무기를 가지고 있는지 아닌지는 명확하지 않다.

STEP 1 It is not clear whether
→ 주절인 「It is ~ whether(~인지는 명확하지 않다)」를 먼저 만든다.

STEP 2 It is not clear whether **they have**
→ whether절의 「주어 + 동사」를 만든다.

STEP 3 It is not clear whether they have **nuclear weapons (or not)**.
→ 동사 다음에 올 문장요소를 완성한다. (여기서는 목적어)

└ 완성된 문장 _ It is not clear whether they have nuclear weapons (or not).

예문 들여다보기

1. **It is** debatable **whether** smoking should be officially banned.
2. **It is** not important **whether** he will attend the conference or not.
3. **It is** not clear **whether** it will rain or not tomorrow.

1 낙태가 공식적으로 금지되어야 할지는 논쟁의 여지가 있다.

abortion 낙태 | forbid 금지하다 | debatable 논쟁의 여지가 있는

2 그녀가 거기서 살아남을지 아닌지는 여전히 불확실하다.

still 여전히 | unclear 불확실한 | survive 살아남다

3 그의 애인에 대한 소문이 사실인지 아닌지는 의심스럽다.

doubtful 의문스러운 | rumor 소문 | lover 애인

4 그의 판단이 옳은지 아닌지는 의문이다.

a question 의문 | judgement 판단 | right 옳은

5 그 남자가 일주일 안에 우리의 트럭을 돌려줄지는 확실하지 않다.

clear 확실한 | return 돌려주다 | within ~ ~안에

---

day 02 answers

예문 들여다보기 해석
1 흡연이 공식적으로 금지되어야 할지는 논쟁의 여지가 있다. | 2 그가 회의에 참석할지 안 할지는 중요하지 않다. | 3 내일 비가 올지 안 올지는 분명치 않다.

작문 따라잡기 해석
1 It is debatable whether abortion should be officially forbidden. | 2 It is still unclear whether she will survive there (or not). | 3 It is doubtful whether the rumor about his lover is true (or not). | 4 It is a question whether his judgement is right (or not). | 5 It is not clear whether the man will return the truck within a week (or not).

DAY 03 It is(was) ~ that ... 강조구문

It is me **that** am responsible for the accident.
그 사고에 책임이 있는 사람은 **바로 나**다.

작문 포인트

It is (was) ~ that ... : … 은 바로 ~ 이다

- 아래의 [보기]와 같이 강조하고 싶은 부분을 It is와 that 사이에 넣고 문장의 나머지 부분은 that 뒤에 그대로 연결하여 강조 문장을 만들 수 있다. 단, 동사를 제외한 주어, 목적어, 부사(구), 부사절 등을 강조할 때 쓰인다.
- that은 다른 관계사(who, which, when 등)로 바꿀 수 있다.

| 예제 | Mary sent a parcel to New Zealand on Saturday.
Mary는 토요일에 뉴질랜드로 소포 하나를 보냈다.

주어 강조 It was Mary that(=who) sent a parcel to New Zealand on Saturday.
토요일에 뉴질랜드로 소포를 보낸 사람은 **바로 Mary였다**.

목적어 강조 It was a parcel that Mary sent to New Zealand on Saturday.
Mary가 토요일에 뉴질랜드로 보낸 것은 **바로 소포였다**.

부사구 강조 It was to New Zealand that Mary sent a parcel on Saturday.
Mary가 토요일에 소포를 보낸 곳은 **바로 뉴질랜드였다**.

예문 들여다보기

1. It was in 1961 **that** Tom Hanks' parents were divorced.
2. It was his old friend Jason **that(whom)** he ran across in Paris last week.
3. It was at the time of her death **that** I realized that she had loved me.

1 이 회사를 설립한 것(사람)은 바로 나의 할아버지였다.

___

found 설립하다

2 네가 어제 내차 안에서 마신 것은 바로 내 아들의 오줌이었다.

___

urine 오줌 | drink(마시다) – drank – drunk

3 그녀가 그녀의 남편을 처음 만난 것은 바로 Queens Park에서였다.

___

husband 남편 | first 처음(으로) | at +장소 ~에서(구체적 장소)

4 너의 뒤통수를 쳤던 사람은 바로 Sarah였다.

___

strike(치다) – struck – struck | on the back of one's head ~의 뒤통수에

5 그 애꾸눈이가 찾으려고 노력했던 것은 바로 그 지도였다.

___

map 지도 | find (out) 찾아내다 | one-eyed man 애꾸눈 남자

---

day 03 answers

예문 들여다보기 해석
1 탐 행스의 부모가 이혼한 것은 바로 1961년이었다. | 2 그가 지난주 파리에서 우연히 만난 사람은 바로 그의 옛 친구인 Jason이었다. | 3 그녀가 날 사랑했었다는 것을 깨달은 것은 바로 그녀가 죽을 당시였다.

작문 따라잡기 해석
1 It was my grandfather that(who) founded this company. | 2 It was my son's urine that you drank in my car yesterday. | 3 It was at the Queens Park that she met her husband first. | 4 It was Sarah that(who) struck on the back of your head. | 5 It was the map that the one-eyed man tried to find (out).

DAY 04 It is(was) not until ~ that ...

It was not until I came to Korea **that** I learned Han-geul.
나는 한국에 **와서야 비로소** 한글을 배웠다

It is(was) not until ~ that ... : ~ 해서야 비로소 … 하다

- It은 가주어이며, that 이하가 진짜 주어이다.
- 해석의 원리를 보면, 주어인 that 이하의 사실이 ~할 때까지는(until ~) 발생하지 않았다는 의미이다. 즉, that 이하의 사실은 ~ 하고서야 일어난 것이다.
- 맨 앞의 'It is(was) not until ~' 부분, 즉 "~ 하고 나서야"로 해석되는 부분을 먼저 만든 다음, that절을 「주어 + 동사」 어순으로 완성한다.

| 예제 | 그는 22살이 되어서야 배우로서의 그의 첫 일자리를 얻었다.

STEP 1 It was not until
→ 주절인 「It was not until ~」형태를 먼저 시제에 맞게 갖춘다.(여기서는 과거 시제)

STEP 2 It was not until **he was 22**
→ until 다음에 절이 올 경우(그가 22살이 되어서야), 「주어 + 동사」으로 잘 완성한다.

STEP 3 It was not until he was 22 **that he got**
→ that절의 「주어 + 동사」를 만든다.

STEP 4 It was not until he was 22 that he got **his first job as an actor**.
→ 동사 다음의 문장 요소를 완성한다.(목적어 → 배우로서의 첫 일자리)

└ 완성된 문장 _ It was not until he was 22 that he got his first job as an actor.

예문 들여다보기

1. **It is not until** we fall ill **that** we fully appreciate our good health.
2. **It was not until** I got home **that** I started to feel better.

1 나는 실패를 경험하고 나서야 비로소 현실을 보게 되었다.

experience 경험하다 | come to see 보게 되다 | the realities 현실

2 우리는 사랑하는 사람들을 잃고 나서야 비로소 사랑이 무엇인지 알게 된다.

lose 잃다 | beloved ones 사랑하는 사람들 | come to know 알게 되다
※ 문장 안에서의 의문문은 항상 "의문사 + 주어 + 동사" 어순이 지켜져야 한다. "사랑이 무엇인지" → what love is

3 그는 30세가 되어서야 비로소 그림을 그리기 시작하였다.

paint 그림 그리다

4 어제서야 비로소 그 문제가 드러났다.

problem 문제 | come to the surface 드러나다

5 21세기가 되어서야 비로소 그의 작품들이 널리 알려지기 시작했다.

the twenty-first century 21세기 | work 작품 | be widely known 널리 알려지다

---

day 04 answers

예문 들여다보기 해석
1 우리는 병이 나고 나서야 건강의 소중함을 잘 알게 된다. | **2** 난 집에 도착해서야 기분이 나아지기 시작했다. | **3** 그가 죽은 후에야 비로소 나는 그가 내게 얼마나 소중한 존재인지 깨달았다.

작문 따라잡기 해석
1 It was not until I experienced a failure that I came to see the realities. | **2** It is not until we lose our beloved ones that we come to know what love is. | **3** It was not until he was thirty that he started to paint. | **4**. It was not until yesterday that the problem came to the surface. | **5** It was not until the twenty-first century that his works started to be widely known.

DAY 05 It is said that ...

It is said that love is blindness.
사랑은 맹목적**이라고들 한다**.

작문 포인트

It is said that ... : (사람들이) … 라고들 말하다

- 일반적인 통념을 말할 때 쓰는 표현으로, People say that과 바꿔 쓸 수 있다.
- It이 가주어이며 that 이하가 진짜 주어이다. 즉, that 이하의 사실이 사람들에 의해 얘기되어지고 있다는 의미로 해석한다.

| 예제 | 그는 우리 시대의 최고 연주가 중 한 명이라고들 말한다.

STEP 1 It is said that ➔ 주절의 형태를 시제에 맞게 먼저 갖춘다.
STEP 2 It is said that **he is** ➔ that절의 「주어 + 동사」를 만든다.
STEP 3 It is said that he is **one of the top players**
➔ 동사 다음의 문장요소(여기서는 보어)를 만든다.
STEP 4 It is said that he is one of the top players **of our time**
➔ 마지막 부속어구를 정리한다.

↳ 완성된 문장 _ It is said that he is one of the top players of our time.

예문 들여다보기

1. **It is said that** Michael Jordan is just like air.
2. **It is said that** the band is a musicians' band because many of their fans are musicians.
3. **It is said that** she found the book of secret here.

작문 따라 잡기

1. 시간이 돈이라고들 말한다.

2. 그는 역사상 가장 위대한 과학자 중 한 명이라고들 말한다.

   great 위대한 | scientist 과학자 | in history 역사상

3. 그 사찰은 100년 전에 언덕 꼭대기에 서 있었다고들 한다.

   temple | stand 서 있다 | on the top of the hill 언덕 꼭대기

4. 총리가 다음 주에 사임할 것이라고들 말한다.

   Prime Minister 총리 | resign 사임하다 | next week 다음주

5. 경험이 최고의 스승이라고들 말한다.

   experience 경험 | mentor 스승

---

day 05 answers

예문 들여다보기 해석
1 마이클 조던은 마치 공기와 같다고들 말한다. | 2 그 밴드의 팬들 상당수가 음악인이기 때문에 종종 그 밴드는 뮤지션의 밴드라고들 한다. | 3 그녀가 여기서 그 비밀의 책을 찾아냈다고들 말한다.

작문 따라잡기 해석
1 It is often said that time is money. | 2 It is said that he is one of the greatest scientists in history. | 3 It is said that the temple stood on the top of the hill 100 years ago. | 4 It is said that the Prime Minister will resign next week. | 5 It is said that experience is the best mentor.

DAY 06 It seems that ...

It seems that my words have hurt his feelings.
내 말이 그의 감정을 상하게 한 **것 같다**

작문 포인트

It seems that ... : ··· 처럼 보이다

- It 이 가주어이며 that 이하가 진짜 주어이다.
- that절에 실질적인 내용을 이루는 문장이 오며, 「주어 + seem(s) to ~」의 형태로도 바꿔 쓸 수도 있다.

| 예제 | Judy는 곧 파리로 떠날 것처럼 보인다.

STEP 1 It seems that → 주절의 형태를 시제에 맞게 먼저 갖춘다.
STEP 2 It seems that **Judy will leave** → that절의 「주어 + 동사」를 완성한다.
STEP 3 It seems that Judy will leave **for Paris soon**.
→ 동사 다음에 올 문장요소들을 정리한다.

↳ 완성된 문장 _ It seems that Judy will leave for Paris soon.

예문 들여다보기

1. **It seems that** the donation was used to buy his own house.
2. **It seems that** we may not be able to meet the deadline.
3. Don't worry. **It doesn't seem that** his feelings for you have changed.

1 그는 너에 대해 아무것도 모르는 것 같다.

anything 아무것

2 그의 어머니는 한 동안 침대에 계셔야 할 것 같다.

should ~해야 한다 | stay in bed 침대에 있다 | for a while 한동안

3 그들이 그런 터무니없는 소리를 믿는 것 같지는 않다.

believe 믿다 | such 그런 | nonsense 터무니없는 소리

4 올해는 거의 모든 직원이 신체검사를 받은 것 같다.

almost 거의 | all the staff 모든 직원 | take one's physical check-up 종합진찰 받다

5 우리 엄마가 나의 나쁜 행동에 실망하시는 것 같다.

disappointed 실망한 | behavior 행동

---

day 06 answers

예문 들여다보기 해석
1 그 기부금은 그의 자신의 집을 사는 데 사용된 것처럼 보인다. | 2 마감일을 맞추지 못할 수도 있을 것 같다. | 3 걱정하지 마. 너에 대한 그의 감정이 변한 것 같아 보이지는 않아.

작문 따라잡기 해석
1 It seems that he doesn't know anything about you. | 2 It seems that his mother should stay in bed for a while. | 3 It doesn't seem that they believe such nonsense. | 4 It seems that almost all the staff took their physical check-ups this year. | 5 It seems that my mom is disappointed at my bad behavior.

DAY 07 It takes ~ to ...

It takes only five minutes for me **to get there**, and I'll leave right away.
내가 **거기까지 가는** 데 5분밖에 안 **걸려**. 그리고 난 지금 출발할거야.

It takes ~ to ... : … 하는데 ~이 걸리다(들다)

- it takes 다음에는 주로 시간, 비용, 노력의 양 등을 나타내는 표현이 온다.
- 여기서 "to ~"은 부정사이므로 to 다음에 반드시 동사원형이 와야 한다.
- 행위자가 문장에 포함될 경우는 to부정사 앞에 "for+의미상주어" 형태로 넣거나, 「it takes +행위자 +시간의 양 + to부정사」 형태로 문장을 만들 수도 있다.

| 예제 | 그가 자전거 타는 법을 배우는 데는 단지 10분이 걸렸다.

STEP 1 It took just 10 minutes
→ 「It takes ~(~가 걸리다)」까지 시제에 맞게 완성한다.

STEP 2 It took just 10 minutes **for him to learn**
→ 「for + 의미상주어 + to부정사」를 완성한다.

STEP 3 It took just 10 minutes for him to learn **how to ride a bike**.
→ 동사 다음에 오는 문장요소(목적어)를 정리한다

↳ 완성된 문장 _ It took just 10 minutes for him to learn how to ride a bike.

예문 들여다보기

1. **It takes** a long time for a bad behavior **to become** habitual, and it takes much more time to break the bad habit.
2. **It took** three policemen **to hold him down**. •• hold down 제지하다
3. **It takes** 3,500 calories **to make** one pound of body weight.

1 이 책을 완성하는 데 대략 5년이 걸렸다.

_____

complete 완성하다

2 내가 그곳에 도착하는 데는 대략 2시간이 걸릴 것이다.

_____

get there 그곳에 도착하다
※ 'for + 의미상 주어 + to부정사' 어순에 주의한다.

3 다른 나라의 관습에 익숙해지는 데는 시간이 걸린다.

_____

get used to ~ ~에 익숙해지다 | another 다른 ~(단수) | custom 관습

4 그 터널을 짓는 데 만 명의 근로자가 소요되었다.

_____

ten thousand 1만의 | build 짓다 | tunnel 터널

5 신용카드를 발행하는 데는 보통 2주가 걸린다.

_____

usually 보통 | issue 발행하다 | credit card 신용카드

---

day 07 answers

예문 들여다보기 해석
1 나쁜 행동이 습관화되는 데는 오랜 시간이 걸리며, 그 나쁜 습관을 고치는 데는 훨씬 더 많은 시간이 걸린다. | 2 그를 제지하는 데 3명의 경찰이 필요했다. | 3 1 파운드의 몸무게를 만들려면 3,500 칼로리가 든다.

작문 따라잡기 해석
1 It took about five years to complete this book. | 2 It will take about two hours for me to get there. | 3 It takes time to get used to another country's custom(s). | 4 It took ten thousand workers to build the tunnel. | 5 It usually takes two weeks to issue the card.

33

DAY 08 take it for granted that ...

I take it for granted that I love her more than she loves me.
나는 **당연히** 그녀보다 내가 더 그녀를 사랑한다고 **생각한다**.

take it for granted that ...: … 을 당연하게 생각하다

- 여기서 it은 진짜 목적어인 that절을 가리키는 가목적어이다. 그래서 의미상 'that 이하의 사실'을 당연히 여긴다는 뜻으로 해석된다.
- 주절(주어+take ~)뿐만 아니라 that절 안에서도 항상 「주어 + 동사 ~」를 먼저 만들되, 시제가 반드시 일치해야 한다. 즉, 주절이 과거이면 종속절(that 이하)의 시제도 과거이거나 과거완료(말하는 시점보다 더 이전의 사실임을 강조할 때)를 써야 한다.

| 예제 | 나는 당연히 아내가 나의 입장을 이해한다고 생각했다.

STEP 1 I took it for granted that → 시제에 맞게 주절을 완성한다.

STEP 2 I took it for granted that **my wife understood**
→ that절의 「주어 + 동사」를 주절의 시제와 일치되도록 완성한다.

STEP 3 I took it for granted that my wife understood **my situation**.
→ 동사 다음에 오는 문장요소(목적어)를 정리한다.

└→ 완성된 문장 _ **I took it for granted that my wife understood my situation.**

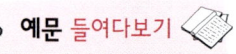

1. **I take it for granted that** you have read this book.
2. **I took it for granted that** he would pay for lunch.
3. **We took it for granted that** he was the criminal. •• criminal 범인

작문 따라잡기

1. 그녀는 당연히 James가 자신을 아주 많이 사랑한다고 생각했다.

   _____

   so much 아주 많이

2. 나는 당연히 그 아이가 상대성 이론을 모를 거라고 생각했다.

   _____

   the theory of relativity 상대성이론

3. 우리는 당연히 그녀가 세계피겨스케이팅대회에서 우승할 것이라고 생각한다.

   _____

   the world figure-skating competition 세계피겨스케이팅대회 | win ~에서 우승하다

4. 그는 당연히 일자리를 쉽게 구할 수 있을 것이라고 생각했다.

   _____

   get a job 일자리를 구하다

5. 나는 그가 그의 형을 돌보는 것을 당연하다고 생각한다.

   _____

   take care of ~을 돌보다

---

day 08 answers

예문 들여다보기 해석
1 나는 당연히 당신이 이 책을 읽었으리라고 생각합니다. | 2 나는 당연히 그가 점심을 살 것이라고 생각했다. | 3 우리는 당연히 그가 범인이라고 생각했다.

작문 따라잡기 해석
1 She took it for granted that James loved her so much. | 2 I took it for granted that the child(kid) didn't know about the theory of relativity. | 3 We take it for granted that she will win the world figure-skating competition. | 4 He took it for granted that he could get a job easily. | 5 I take it for granted that he takes care of his brother.

조동사 구문

CHAPTER 02

DAY 09 cannot be ~

These costly jewels cannot be fake.
이 값비싼 보석들이 가짜일 리가 없다.

cannot be ~ : ~일 리가 없다

- "~일 리가 없다"라는 부정에 대한 강한 추측을 나타낼 때 쓰는 표현이 바로 'cannot be~'이다.
- can, may, will, do, should 등의 모든 조동사 뒤에는 항상 동사원형이 와야 함에 주의한다.

| 예제 | 나의 형이 이 시간에 도서관에 있을 리가 없다.

STEP 1 My brother cannot be → 「주어 + 동사」를 먼저 구성한다.
STEP 2 My brother cannot be **in the library**
→ 동사 바로 뒤에 올 문장요소를 완성한다.
STEP 3 My brother cannot be in the library **at this hour.**
→ 마지막 부사구를 정리한다.

↳ 완성된 문장 _ **My brother cannot be in the library at this hour.**

예문 들여다보기

1. He **cannot be** so rude. He is a born good-natured man as far as I know.
2. I also heard the whole story from the victim. The news report **cannot be** false.
3. You **cannot be** my real son. My son has a mole on his hip.

1 그 소문은 사실일 리가 없다.

rumor 소문 | true 사실의

2 노동자들이 그런 비효율적인 구조 안에서 생산적일 리가 없다.

productive 생산적인 | inefficient structure 비효율적인 구조

3 그가 그렇게 젊을 리가 없다. 그는 40세 이상임에 틀림없다.

so 그렇게(형용사 수식) | over forty 40세 이상인

4 나의 에세이가 그의 것과 동일할 리가 없다.

essay 에세이 | the same as ~와 동일한

5 나의 가족들이 우리 동네에서 헤매고 있을 리는 없다.

be ~ing ~하고 있다 | wander about 헤매다 | neighborhood 동네

---

day 09 answers

예문 들여다보기 해석
1 그가 그렇게 무례할 리가 없다. 내가 아는 한 그는 선천적으로 온순한 사람이다. | 2 나 또한 희생자로부터 전말을 들었다. 그 보도는 거짓일 리가 없다. | 3 너는 내 진짜 아들일 리가 없다. 내 아들은 엉덩이에 반점이 있다.

작문 따라잡기 해석
1 The rumor cannot be true. | 2 The workers cannot be productive in such an inefficient structure. | 3 He cannot be so young, He must be over forty. | 4 My essay cannot be the same as his. | 5 My family cannot be wandering about in our neighborhood.

may well + 동사원형

The story may well be the equivalent of a really great horror movie.
그 이야기는 정말 무시무시한 공포영화와 같은 것이라고 해도 과언이 아니다

may well + 동사원형 : ~ 하는 것도 당연하다, ~ 할 것이다(가능성이 높다)

- may well은 may보다 가능성을 더 강조할 때 쓰는 표현이다.
- 다른 조동사와 마찬가지로 may well 다음에 반드시 동사원형이 와야 한다.

| 예제 | 마을 사람들이 그 사기꾼을 증오하는 것도 당연하다.

STEP 1 The villagers may well hate → 「주어 + 동사」를 먼저 구성한다.
STEP 2 The villagers may well hate **the fraud**.
→ 동사 바로 뒤에 올 문장요소를 완성한다.(여기서는 목적어)

└ 완성된 문장 _ **The villagers may well hate the fraud.**

예문 들여다보기

1. People **may well** resist his tyranny.
2. Hawaii **may well** be the most beautiful state in America.
3. The six-party talks **may well** be delayed.

1 그가 폭력배들 앞에서 두려움에 떠는 것도 당연하다.

_____

gangster 폭력배 | tremble with fear 두려움에 떨다 | before ~ 앞에서

2 그가 그의 딸을 자랑스러워하는 것도 당연하다.

_____

be proud of 자랑스러워하다

3 그가 너와 말하지 않으려는 것도 당연하나.

_____

refuse to ~하지 않으려하다

4 마이클 잭슨은 팝의 황제라고 해도 과언이 아니다.

_____

Michael Jackson 마이클 잭슨 | king 왕, 황제

5 미래에는 우리와 중국과의 관계가 훨씬 더 중요해질 것이다.(가능성이 크다)

_____

relationship with ~ ~와의 관계 | much more ~ 훨씬 더 ~한

day 10 answers

예문 들여다보기 해석
1 사람들이 그의 횡포에 저항하는 것도 당연하다. | **2** 하와이가 미국에서 가장 아름다운 주라고 해도 과언은 아닐 겁니다. | **3** 6자 회담은 지연될 것이다.(가능성이 높다)

작문 따라잡기 해석
1 He may well tremble with fear before gangsters. | **2** He may well be proud of his daughter. | **3** He may well refuse to speak(talk) to you. | **4** Michael Jackson may well be the king of the pop. | **5** Our relationship with China may well be much more important in the future.

DAY 11 may(might) as well + 동사원형

You **may as well** live alone **as** get married with the ugly witch.
너는 그 흉측한 마녀와 결혼**하느니 차라리** 혼자 사는 게 낫다.

작문 포인트

> may(might) as well + 동사원형 : ~ 하는 게 낫다
> may(might) as well ~ as ... : ··· 하느니 ~ 하는 게 낫다

● 이 구문은 had better보다는 부드러운 표현이다. 상대의 감정을 고려하여 더 부드럽게 완곡한 어조로 말할 때는 may 대신 might를 쓴다.
● 다른 조동사와 마찬가지로 may as well 다음에 반드시 동사원형이 와야 한다.

| 예제 | 우리가 그와 얘기를 하느니 벽에다 말하는 게 낫겠다.

STEP 1 We may as well speak → 항상 「주어 + 동사」를 먼저 만든다.
STEP 2 We may as well speak **to the wall**
→ 동사 바로 뒤에 올 요소를 완성한다. (여기서는 전치사구)
STEP 3 We may as well speak to the wall **as talk to him**.
→ 나머지 부분을 마무리 한다. (앞의 speak to와 비교를 이루는 as 다음 부분도 동사원형으로 시작한다)

↳ 완성된 문장 _ We may as well speak to the wall as talk to him.

예문 들여다보기

1. We **might as well** do it right now.
2. You **might as well** expect a wolf to be generous as ask him for money.
3. You **may as well** know nothing as learn something by a half.

작문 따라잡기

1. 너는 네 여자 친구와 헤어지는 게 낫다.

   _____

   part from ~와 헤어지다

2. 너는 그것을 금고 안에 보관하는 게 낫다.

   _____

   keep 보관하다　|　safe 금고

3. 너는 여가시간에 TV를 보는 것보다는 자는 게 낫다.

   _____

   go to bed 잠자리에 들다　|　in the leisure time 여가 시간

4. 너는 그런 자에게 네 돈을 주느니 차라리 버리는 게 낫다.

   _____

   throw away 버리다　|　such a fellow 그런 자

5. 우리가 저 담을 넘느니 차라리 집으로 돌아가는 것이 낫겠다.

   _____

   return home 집으로 돌아가다　|　climb over ~을 넘다　|　wall 담

---

day 11 answers

예문 들여다보기 해석
1 우리가 지금 바로 그것을 하는 게 낫겠다. | 2 그에게 돈을 요구하느니 늑대에게 관대함을 기대하는 것이 낫다. | 3 뭔가를 어중간하게 배우느니 차라리 아무것도 모르는 게 낫다.

작문 따라잡기 해석
1 You may(might) as well part from your girlfriend. | 2 You may(might) as well keep it in the safe. | 3 You may(might) as well go to bed as watch TV in the leisure time. | 4 You may(might) as well throw away your money as give it to such a fellow. | 5 We may(might) as well return home as climb over that wall.

DAY 12 would rather ~ than ...

I **would rather** stay home **than** go out in this blizzard.
나는 이렇게 눈보라치는 날에 외출하기 보다는 집에 있었으면 좋겠다.

would rather ~ than ... : … 하기보다는 ~ 하는 게 좋다(하고 싶어하다)

- had better나 may as well처럼 화자의 의견을 나타내기 보다는 주어(행위자)가 "차라리 ~하고 싶어 한다"는 의미로 쓰인다.
- 다른 조동사와 마찬가지로 would rather와 than 다음에 반드시 동사원형이 와야 한다.

| 예제 | 나는 잘못된 인물을 선택하기 보다는 투표를 안 하는 것이 좋습니다.

STEP 1 I would rather not vote
→ 「주어 + 동사」를 먼저 만든다(not은 조동사와 동사원형 사이에 온다).

STEP 2 I would rather not vote **than choose a wrong person**.
→ 나머지 부분을 마무리한다(앞의 vote와 비교를 이루는 than 다음 부분도 동사원형으로 시작해야 한다).

└→ 완성된 문장 _ I would rather not vote than chose a wrong person.

예문 들여다보기

1. I **would rather** be poor **than** get money by dishonest means.
2. Well-educated women **would rather** develop careers of their own **than** become the mothers of successful children.
   •• well-educated 고학력의
3. Most children **would rather** watch TV **than** read a book in their spare time.

작문 따라잡기

1 나는 도둑질을 하느니 차라리 굶어 죽는 게 좋다.

_____

starve to death 굶어 죽다 | steal 도둑질하다

2 나는 그에게 의지하느니 차라리 혼자서 그것을 하는 게 좋다.

_____

on one's own 혼자서 | rely upon(on) ~에 의지하다

3 나는 남들을 속이느니 차라리 속는 게 좋다.

_____

deceive 속이다

4 전사는 불명예로 살기보다는 죽음을 택하고 싶어 한다.

_____

warrior 전사 | choose death 죽음을 택하다 | live in dishonor 불명예로 살다

5 그는 그녀에게 상처받는 것보다는 차라리 여기를 떠나고 싶어 한다.

_____

leave ~를 떠나다 | get hurt 상처를 받다

---

day 12 answers

예문 들여다보기 해석
1 부정한 수단으로 돈을 버느니 차라리 가난한 게 좋다. | **2** 고학력 여성들은 성공한 아이들의 엄마가 되는 것보다 자신의 경력을 쌓길 원한다. | **3** 대부분의 아이들은 남는 시간에 책을 읽기보다는 TV 시청을 하고 싶어 한다.

작문 따라잡기 해석
1 I would rather starve to death than steal. | **2** I would rather do it on my own than rely upon him. | **3** I would rather be deceived than deceive others. | **4** A warrior would rather choose death than live in dishonor. | **5** He would rather leave here than getting hurt by her.

may/might have + p.p.

They **might have missed** the train.
그들이 그 열차를 놓쳤을지도 모른다.

may/might have + p.p. : ~했을지도 모른다

- 「조동사 + have p.p.」는 현재시점에서 바라본 과거의 일에 대한 생각을 표현할 때 쓰이며, 특히 may/might have + p.p.는 불확실한 추측을 나타내낼 때 사용된다.
- may보다 might가 더 약한 추측을 나타낸다.

| 예제 | 내가 외출한 동안 그녀가 우리 집에 들렀을지도 모른다.

STEP 1 She may have called on → 「주어 + 동사」를 먼저 만든다.
STEP 2 She may have called on **my house**
→ 동사 다음의 문장요소를 만든다. (여기서는 목적어)
STEP 3 She may have called on my house **while I was out**.
→ 나머지 부분을 완성한다.(여기서는 접속사절)

↳ 완성된 문장 _ She may have called on my house while I was out.

예문 들여다보기

- You **may have had** an experience similar to this.
- The civil war **may have been** the factor of the economic slump. ** civil war 내진
- He **might have thought** that peanut butter would take the place of meat in their diet. ** take the place of ~을 대신하다

1 그녀가 아팠을 때 체중이 줄었을지도 모른다.

___

lose weight 체중이 줄다 | ill 아픈

2 그는 우리가 예상했던 것보다 훨씬 더 일찍 떠났을지도 모른다.

___

leave 떠나다 | much 훨씬 | expect 예상하다

3 그녀는 나의 불평에 심하게 기분이 상했을지도 모른다.

___

deeply 심하게 | offended with ~에 기분이 상한 | complaint 불평

4 그녀는 그때 창백해보였다. 그녀는 아팠을지도 모른다.

___

look ~해 보이다 | pale 창백한 | at that time 그 당시에

5 너는 그녀의 방에서 그 열쇠를 잃어버렸을지도 모른다.

___

lose(잃어버리다) - lost - lost | key 열쇠

---

day 13 answers

예문 들여다보기 해석
1 당신은 이것과 비슷한 경험을 해봤을지도 모른다. | **2** 내전이 경기침체의 요인이었을지도 모른다. | **3** 그는 그들의 식단에서 땅콩버터가 고기를 대신할 것이라고 생각했을지도 모른다.

작문 따라잡기 해석
1 She may(might) have lost weight when she was ill. | **2** He may(might) have left much earlier than we expected. | **3** She may(might) have been deeply offended with my complaint | **4** She looked pale at that time. She may(might) have been sick. | **5** You may(might) have lost the key in her room.

DAY 14 must have + p.p.

The street is wet, so it must have rained yesterday.
길이 축축하다. 어제 비가 왔음에 틀림없어.

must have + p.p. : ~했음에 틀림없다

- 「must + have p.p.」는 과거에 대한 단정적인 추측을 나타낼 때 쓰는 표현이다.
- "~했을 리가 없다"라는 반대의 의미를 나타낼 때는 「cannot + have p.p.」가 사용된다.

| 예제 | 그 죄수들이 감옥에서 탈출했음에 틀림없다.

STEP 1 The prisoners must have escaped → 「주어 + 동사」를 먼저 만든다.
STEP 2 The prisoners must have escaped **from the prison**.
  → 동사 다음의 문장요소를 마무리 한다.(여기서는 부사구)

↳ 완성된 문장 The prisoners must have escaped from the prison.

예문 들여다보기

1. Lisa looks delighted. She **must have had** a good day
2. I have lost one of my gloves. It **must have been dropped** somewhere.
3. Harry didn't come to his class at nine o'clock yesterday. He **must have overslept**.

1 너의 아들은 그 숲에서 길을 잃었음에 틀림없다.

_____

lost one's way 길을 잃다 | forest 숲

2 당신은 저를 오해하신 게 틀림없군요.

_____

misunderstand +사람 ~의 말을 오해하다

3 그녀는 제정신이 아니었던 게 틀림없다.

_____

out of one's mind 제정신이 아닌

4 내가 문 앞에 서 있을 때 당신은 나를 발견했음에 틀림없다.

_____

spot ~를 발견하다 | at the door 문 앞에서

5 그 탐험대는 거기에 도착하는 데 애를 먹었음에 틀림없다.

_____

expedition 탐험대 | have a hard time ~ing ~하는 데 애를 먹다

day 14 answers

예문 들여다보기 해석
1 Lisa가 기분이 좋아 보인다. 즐거운 하루를 보냈음에 틀림없어! | 2 내 장갑 한 짝을 잃어버렸어. 어딘가에 떨어졌음에 틀림없어. | 3 Harry는 어제 9시 수업에 안 왔어. 늦잠 잤음에 틀림없어.

작문 따라잡기 해석
1 Your son must have lost his way in the forest. | 2 You must have misunderstood me. | 3 She must have been out of her mind. | 4 You must have spotted me when I stood at the door. | 5 The expedition must have had a hard time getting there.

DAY 15 cannot have + p.p.

You **cannot have left** it in the taxi cab.
네가 그것을 그 택시에 놓고 내렸을 리가 없다.

작문 포인트

cannot have + p.p. : ~했을 리가 없다

- 「cannot +have p.p.」는 과거에 대한 단정적인 추측을 나타낼 때 쓰는 표현이다.
- "~했음에 틀림없다"라는 반대의 의미를 나타낼 때는 「must +have p.p.」가 사용된다.

| 예제 | 그 거짓말쟁이가 젊었을 때 부자였을 리가 없다.

STEP 1 The liar cannot have been → 「주어 + 동사」를 먼저 만든다.
STEP 2 The liar cannot have been **rich**
→ 동사 다음의 문장요소를 만든다. (여기서는 보어)
STEP 3 The liar cannot have been rich **when (he was) young**.
→ 나머지 부분을 완성한다.(접속사 다음에 '주어+be동사'는 생략 가능)

↳ 완성된 문장 _ The liar cannot have been rich when young.

예문 들여다보기

1. My son **cannot have done** such a thing.
2. I was at home all day long. She **cannot have called** me.
3. I think changes of the environment **cannot have effected** his growth.

작문 따라 잡기

1. 범인이 그의 가족과 연락을 취했을 리는 없다.

   ___

   criminal 범인 | make contact with ~와 연락하다

2. 그는 그의 주인에게 거짓말을 했을 리가 없다.

   ___

   tell a lie 거짓말하다 | master 주인

3. 나의 비서가 그런 중요한 것들을 폭로했을 리가 없다.

   ___

   secretary 비서 | disclose 폭로하다 | such important things 그런 중요한 것들

4. 그들이 그 가련한 노인을 납치했을 리가 없다.

   ___

   kidnap 납치하다

5. Jenny가 우등으로 대학을 졸업했을 리가 없다.

   ___

   graduate from (a) college 대학을 졸업하다 | with honors 우등으로

---

day 15 answers

예문 들여다보기 해석
1 나의 아들이 그런 짓을 했을 리가 없다. | 2 전 하루 종일 집에 있었어요. 그녀가 나한테 전화했을 리가 없어요. | 3 나는 환경의 변화가 그의 성장에 영향을 주었을 리는 없다고 생각한다.

작문 따라잡기 해석
1 The criminal cannot have made contact with his family | 2 He cannot have told a lie to his master. | 3 My secretary cannot have disclosed such important things. | 4 They cannot have kidnapped the poor old man. | 5 Jenny cannot have graduated from a college with honors.

51

DAY 16 could have + p.p.

He **could have done** it if only he had wanted to.
그가 원하기만 했어도 그것을 **할 수 있었을** 텐데.

작문 포인트

could have + p.p. : ~할 수 있었는데

- 실제로는 일어나지 않은 일에 대해 "~할 수도 있었는데"라는 가능성 또는 유감을 나타낼 때 사용하는 표현이다. 문맥에 따라서는 "~했을 수도 있다"라는 불확실한 추측을 나타내기도 한다.

| 예제 | 네가 집에 없을 때 나는 너의 지갑을 훔칠 수도 있었다.

STEP 1 I could have stolen → 「주어 + 동사」를 구성한다.
STEP 2 I could have stolen **your wallet**
→ 동사 다음의 문장요소를 만든다.(여기서는 목적어)
STEP 3 I could have stolen your wallet **when you were not at home**.
→ 나머지 부분을 완성한다.(접속사절)

↳ 완성된 문장 _ I could have stolen your wallet when you were not at home

예문 들여다보기

1. You **could have persuaded** her during the conversation.
2. We **could have entered** for free. Nobody was collecting tickets at that time.
3. If you had given me some notice, I **could have prepared** a hotel room for you.

1 너는 전화로 나에게 사과할 수도 있었다.

___

apologize 사과하다 | over the phone 전화로

2 그는 마감 시한을 맞출 수도 있었다.

___

meet the deadline 마감시한에 맞추다

3 그녀가 다쳤을 때 너는 그녀의 목숨을 구할 수도 있었다.

___

save one's life 목숨을 구하다 | be hurt 다치다

4 우리는 미리 노사 간의 분쟁을 예방할 수도 있었다.

___

prevent 예방하다 | conflict between labor and management 노사분쟁 | in advance 미리

5 정부는 아무런 문제없이 우리를 도와줄 수도 있었다.

___

the government 정부 | without any problems 아무런 문제없이

---

day 16 answers

예문 들여다보기 해석
1 너는 대화하는 동안 그녀를 설득할 수도 있었다. | 2 우린 공짜로 들어갈 수도 있었어. 그 당시엔 표 받는 사람이 아무도 없었거든. | 3 네가 어떤 통보라도 주었더라면 네 호텔방을 준비해줄 수 있었을 텐데.

작문 따라잡기 해석
1 You could have apologized me over the phone. | 2 He could have met the deadline. | 3 You could have saved her life when she was hurt. | 4 We could have prevented the conflict between labor and management in advance. | 5 The government could have helped us without any problems.

DAY 17 should have + p.p.

You should have been more careful.
너는 좀 더 신중했어야 했어.

should have p.p. : ~했어야 했는데 (결과적으로 하지 않았다)

- 과거에 하지 못한 일에 대해 "~했어야 했다"라는 후회, 비난 등을 나타낼 때 쓰는 표현이다.
- 「ought to have p.p.」도 같은 의미로 사용된다.

| 예제 | 너는 그런 좋은 기회를 놓치지 말았어야 했다.

STEP 1 You shouldn't have missed → 「주어 + 동사」를 구성한다.

STEP 2 You shouldn't have missed **such a good opportunity**.
→ 동사 다음의 문장요소를 완성한다.(여기서는 목적어)

↳ 완성된 문장 You shouldn't have missed such a good opportunity.

예문 들여다보기

1. You **should have seen** his face when I told him about Susan's marriage.
2. You **should have asked** me first before you made up your mind.
3. Our president was disappointed that you weren't at the meeting. You **should have attended** it.

1 우리는 한 시간 전에 출발했어야 했다.

~ago ~전에

2 너는 그 교차로에서 좌회전했어야 했다.

turn left 좌회전하다 | crossroad 교차로

3 그녀는 그들의 요구를 받아들이지 말았어야 했다.

accept 받아들이다 | demand 요구

4 그는 즉시 학교 당국에 그것을 보고했어야 했다.

report 보고하다 | school authorities 학교 당국 | immediately 즉시

5 우리는 그 조사가 종결될 때까지 기다렸어야 했다.

until ~때까지 | investigation 조사 | close 종결하다

---

day 17 answers

예문 들여다보기 해석
1 내가 그에게 Susan의 결혼소식에 대해 얘기했을 때 너도 그의 얼굴을 봤어야 했다. | **2** 너는 결심하기 전에 나에게 먼저 물어봤어야 했다. | **3** 우리 회장님은 당신이 회의에 불참한 것에 대해 실망하셨습니다. 당신은 회의에 참석했어야 합니다.

작문 따라잡기 해석
1 We should have left an hour ago. | **2** You should have turned left at the crossroad. | **3** She shouldn't have accepted their demands. | **4** He should have reported it to the school authorities immediately. | **5** We should have waited until the investigation was closed.

CHAPTER 03

부정사, 동명사 구문

DAY 18 의문사 + to부정사

I don't know **how to operate** the system.
나는 그 시스템을 어떻게 작동**하는지** 모른다.

작문 포인트

의문사 + to 부정사 : ~해야 할지, ~하는지

- 주로 "~해야 할지, ~하는 지"라는 의미의 명사적 성질을 가진 표현이므로 문장에서 주어, 보어, 목적어 역할을 한다.

| 예제 | 우리들은 천연 자원들을 어떻게 관리할지를 이해해야 한다.

STEP 1 We should understand → 「주어 + 동사」를 구성한다.
STEP 2 We should understand **how to manage**
→ 동사 다음의 문장요소인 목적어(의문사+to부정사)를 만든다.
STEP 3 We should understand how to manage **natural resources**.
→ to manage의 목적어를 완성한다.

완성된 문장 _ We should understand how to manage natural resources.

예문 들여다보기

1. Many people seem to learn **how to use** a computer just by reading the manual.
2. I'm looking for a birthday gift for my sister, I really have no idea **what to buy** her.
3. We haven't decided **where to go** this summer yet.

1 너는 내게 그 선을 어디에 그어야 할지 말해주지 않았다.

_____

draw 그리다, 긋다 | line 선

2 나는 그 당시 무슨 말을 해야 할지 몰랐다.

_____

say 말하다 | at that time 그 당시

3 오직 삶만이 너에게 어떻게 살지를 가르쳐준다.

_____

only ~ 오직 ~만이

4 그녀는 아이들에게 언제 칭찬을 하고 언제 야단쳐야 하는지를 안다.

_____

praise 칭찬하다 | scold 야단치다

5 그는 어떻게 우주비행사가 되는지(되는 방법)를 설명했다.

_____

explain 설명하다 | become 되다 | astronaut 우주비행사

day 18 answers

예문 들여다보기 해석
1 많은 사람들이 단지 설명서만 읽고 컴퓨터 사용법을 배우는 듯하다. | 2 내 여동생에게 줄 생일 선물을 고르고 있는 중인데, 무엇을 사주어야 할지를 정말 모르겠어. | 3 우리는 올 여름에 어디로 갈지 아직 결정하지 않았다.

작문 따라잡기 해석
1 You didn't tell me where to draw the line. | 2 I didn't know what to say at that time. | 3 Only life teaches you how to live your life. | 4 She knows when to praise and when to scold children. | 5 He explained how to become an astronaut.

DAY 19 — to 부정사가 포함된 관용표현

He is, so to speak, a man of an iron will.
말하자면, 그는 철의 의지를 가진 사나이이다.

- 부정사가 독립적으로 부사처럼 문장 전체를 수식하는 경우의 표현들이다.

| so to speak | to tell the truth | needless to say | to begin with |
| 말하자면 | 사실을 말한다면 | 말할 것도 없이 | 우선, 먼저 |

| to be brief | to be (more) exact | to make matters worse |
| 간단히 말해서 | 엄밀히 말하면 | 설상가상으로 |

| 예제 | 말할 것도 없이, 영어는 이제 국제적인 언어이다.

STEP 1 Needless to say, English is
→ 독립부정사 다음에 「주어 + 동사」를 구성한다.

STEP 2 Needless to say, English is **now an international language**.
→ 동사 다음의 문장요소(보어)를 완성한다. (부사인 now는 여기서 be동사 뒤에 위치했지만 문장 맨 앞 또는 맨 뒤에도 올 수 있다.)

↳ 완성된 문장 _ **Needless to say, English is now an international language.**

예문 들여다보기

1. **Needless to say**, he broke his promise again.
2. **To make matters worse**, I got a bad cold.
3. **To tell the truth**, I fell asleep in the middle.

1 사실을 말하자면, 나는 그녀의 오빠가 아니라 남편이다.

husband 남편

2 우선, 그 스캔들에 대한 신문보도는 사실이 아니다.

newspaper report on ~ ~에 대한 신문보도

3 말할 필요도 없이, 가장 중요한 문제는 비용이다.

cost 비용

4 간단히 말해서, 너는 그 일에 적임자가 아니다.

the right person 적임자

5 엄밀히 말하면, 현재 의장은 우리 편이 아니다.

chairman 의장 | on one's side ~의 편인

---

day 19 answers

예문 들여다보기 해석
1 말할 필요도 없이 그는 또다시 약속을 어겼다. | 2 설상가상으로 난 독감까지 걸렸다. | 3 사실은 내가 도중에 잠이 들었어.

작문 따라잡기 해석
1 To tell the truth, I am not her brother but her husband. | 2 To begin with, the newspaper report on the scandal is not true. | 3 Needless to say, the most important problem is the cost. | 4 To be brief, you are not the right person for the work(job). | 5 To be exact, the chairman is not on our side now.

DAY 20 too ~ to ...

He is **too** honest **to** tell a lie.
그는 **너무나** 정직**해서** 거짓말을 **할 수 없다**.

작문 포인트

too ~ to ... : 너무 ~ 해서 … 할 수 없다.

- 이 표현을 직역하면 "...하기에는 너무 ~하다"라는 의미가 된다. 즉, "너무 ~해서 ...하기 힘들다"라고 편하게 해석할 수 있다.
- to 부정사 앞에 의미상의 주어가 올 때는 전치사 for를 사용한다.

| 예제 | 여행이 너무 짧아서 난 그곳의 아름다운 경치를 모두 즐길 수가 없었다.

STEP 1 The trip was → 「주어 + 동사」를 구성한다.
STEP 2 The trip was **too short for me** → 동사 다음의 문장요소(too ~)를 만든다.
STEP 3 The trip was too short for me **to enjoy all the beautiful sceneries there**. → to 부정사 구를 완성한다.

└, 완성된 문장 _ The trip was too short for me to enjoy all the beautiful sceneries there.

예문 들여다보기

1. It's **too** far **to** go there by car, and it's too close to go by plane.
2. The ice seems **too** thin for us **to** skate on.
3. Life is **too** short for us **to** waste.

1. 그 소녀는 너무 부끄러워 우리에게 인사를 할 수 없었다.

   bashful 부끄러워하는 | greet ~에게 인사하다

2. 나는 너무 두려워서 그 높이에서는 다이빙을 할 수가 없었다.

   afraid 두려운 | dive from ~로부터 다이빙하다 | height 높이

3. Mrs. Brown은 너무 나이가 들어서 이 제과점을 운영할 수가 없다.

   old 나이든 | run 운영하다 | bakery 제과점

4. 그는 너무 소심해서 그 긴 다리를 건널 수 없다.

   timid 소심한 | cross 건너다 | bridge 다리

5. 그들은 너무 지쳐서 더 이상 걸을 수 없었다.

   exhausted 지친 | anymore 더 이상

---

day 20 answers

예문 들여다보기 해석
1 거기는 차로 가기에는 멀고, 비행기로 가기엔 너무 가깝다. | 2 얼음이 너무 얇아 우린 스케이트를 탈 수 없을 것 같다. | 3 인생은 우리가 낭비하기엔 너무 짧다.

작문 따라잡기 해석
1 The girl was too bashful to greet us. | 2 I was too afraid to dive from that height. | 3 Mrs. Brown is too old to run this bakery. | 4 He is too timid to cross the long bridge. | 5 They were too exhausted to walk anymore.

형용사 + enough to ...

Modern women are rich enough to afford to live alone.
현대 여성들은 혼자 살 여력이 될 만큼 부유하다.

형용사/부사 + enough to ... : … 할 만큼 충분히 ~ 한/하게

- 「enough to ~」는 "~할 만큼 충분히"라는 의미를 가지고 앞에 오는 부사나 형용사를 수식해 준다.

| 예제 | 이 모형은 한 손으로 들 수 있을 만큼 충분히 작다.

STEP 1 This model is → 「주어 + 동사」를 구성한다.
STEP 2 This model is small → 동사 다음의 문장요소(보어)를 만든다.
STEP 3 This model is small **enough to hold with one hand**.
→ 「enough to~」 부분을 완성한다.

↳ 완성된 문장 _ This model is small enough to hold with one hand.

예문 들여다보기

1. He is not **sensible enough to** realize his mistakes.
2. The patient is **well enough to** sit up on the bed now.
3. This wave is **powerful enough to** destroy entire houses along the coast.

1 그는 나에게 돈을 요구할 만큼 뻔뻔했다.

_____

impudent 뻔뻔한 | ask A for B A에게 B를 요청(요구)하다

2 Debby는 그의 말을 믿을 만큼 멍청하지는 않다.

_____

stupid 멍청한 | believe 믿다 | words 말

3 이 휴대용 컴퓨터는 너의 가방 속에 넣을 만큼 충분히 작다.

_____

laptop computer 휴대용 컴퓨터 | put into ~ 속에 넣다 | bag 가방

4 그녀는 악마조차도 유혹할 만큼 충분히 매력적이다.

_____

glamorous 매혹적인 | tempt 유혹하다 | even ~조차도 | devil 악마

5 그의 거짓말은 대통령을 속일 만큼 충분히 그럴 듯했다.

_____

lie 거짓말 | realistic 그럴 듯한 | deceive 속이다 | the president 대통령

---

day 21 answers

예문 들여다보기 해석
1 그는 자기 잘못을 깨달을 만큼 분별력이 있지 않다. | 2 그 환자는 이제 침대에서 일어나 앉을 만큼 건강해졌다. | 3 이 파도는 해변을 따라 있는 모든 집들을 파괴할 만큼 충분히 강력하다.

작문 따라잡기 해석
1 He was impudent enough to ask me for money. | 2 Debby is not stupid enough to believe his words. | 3 This laptop computer is small enough to put into your bag. | 4 She is glamorous enough to tempt even a(the) devil. | 5 His lie was realistic enough to deceive the president.

in order to ~, so as to ~

She has started dieting **so as to make a nice figure**.
그녀는 **멋진 몸매를 만들기 위하여** 다이어트를 시작했다.

in order to ~, so as to ~ : ~하기 위하여

- 목적의 의미를 강조하기 위해 빈번히 사용되는 to부정사 관용표현이다. to 다음에 반드시 동사원형이 온다.

| 예제 | 내 남자 친구는 나를 보기 위해 여기서 3시간을 기다렸다.

STEP 1 My boy friend waited → 「주어 + 동사」를 구성한다.
STEP 2 My boy friend waited **here for 3 hours**
→ 동사 다음에 오는 요소들(부사구)을 만든다.
STEP 3 My boy friend waited here for 3 hours **in order to see me**.
→ 「in order to~」 부분을 완성한다.

↳ 완성된 문장 _ **My boy friend waited here for 3 hours in order to see me.**

예문 들여다보기

1. **In order to** make their dream come true, the couple decided to go back to Korea.
2. She sometimes punishes her children **so as to** teach home education.
3. I had to stand on tiptoe **in order to** see things over the fence.

•• on tiptoe 발끝으로

1 나는 심장마비를 방지하기 위하여 매일 운동을 할 것이다.

exercise 운동하다 | prevent 방지하다 | heart attack 심장마비

2 모두가 그 광경을 보기 위하여 일어섰다.

stand up 일어서다 | scene 광경

3 나는 더 좋은 자리를 잡으려고 일찍 떠났다.

get a seat 자리를 잡다 | good의 격변화 : good - better - best

4 그들은 그곳에 제 시간에 도착하기 위해 서둘렀다.

make haste 서두르다 | in time 제 시간에

5 그는 마피아에게 원수를 갚기 위해 탈옥했다.

escape from prison 탈옥하다 | take one's revenge on ~에게 원수를 갚다 | the Mafia 마피아

---

day 22 answers

예문 들여다보기 해석
1 그 부부는 그들의 꿈을 실현시키기 위해 한국으로 돌아가기로 결정했다. | 2 그녀는 때때로 가정 교육을 가르치기 위해 아이들에게 벌을 준다. | 3 나는 담 너머에 있는 것을 보기 위하여 발끝으로 서야 했다.

작문 따라잡기 해석
1 I will exercise everyday in order to(so as to) prevent from a heart attack. | 2 Everyone stood up in order to(so as to) see the scene. | 3 I left early in order to(so as to) get a better seat. | 4 They made haste in order to get there in time. | 5 He escaped from prison in order to take his revenge on the Mafia.

be likely to + 동사원형

The civil war is likely to escalate into a global war.
그 내전은 세계대전으로 확대될 것 같다.

작문 포인트

be likely to + 동사원형 : ~할 것 같다, ~하는 경향이 있다

- 가능성 또는 경향을 나타낼 때 빈번히 쓰이는 표현으로 likely를 더 강조하기 위해 앞에 more를 넣어 사용하기도 한다.

| 예제 | 그 다리는 폭풍우로 곧 무너질 것 같다.

STEP 1 The bridge is → 「주어 + 동사」를 구성한다.
STEP 2 The bridge is **likely to fall down**
→ 동사 다음의 문장요소(보어)를 만든다.
STEP 3 The bridge is likely to fall down **soon**.
→ 마지막 부분(부사)을 완성한다.

↳ 완성된 문장 _ **The bridge is likely to fall down soon.**

예문 들여다보기

1. The company **is likely to** pay for the damages to minimize negative publicity over the incident. •• publicity 평판, 여론
2. Demands for this item **are likely to** increase.
3. Attentive students **are likely to** make good grades.

1 엔지니어들은 업무에 많은 시간을 쏟는 경향이 있다.

_____

engineer 기술자 | devote time to ~에 시간을 쏟다 | job 업무

2 그가 곧 나타날 것 같다.

_____

show up 나타나다 | soon 곧

3 나는 그 회사가 파산할 것 같다는 소문을 들었다.

_____

rumor 소문 | firm 회사 | go bankrupt 파산하다
※ 주절이 과거이면 that 이하의 종속절도 그 시제에 맞추어야 한다.

4 위원회는 그 계획에 동의할 것 같지 않다.

_____

committee 위원회 | agree to ~에 동의하다 | plan 계획

5 인플레이션이 개인소비에 중요한 영향을 미칠 것 같다.

_____

inflation 인플레이션 | have an impact on ~에 영향을 미치다 | personal spending 개인 소비

---

day 23 answers

예문 들여다보기 해석
1 그 회사는 사건에 대한 부정적인 여론을 최소화하기 위해 피해 보상을 해줄 것 같다. | 2 이 아이템에 대한 수요가 증가할 것 같다. | 3 집중하는 학생이 공부를 잘하는 경향이 있다(가능성이 높다).

작문 따라잡기 해석
1 Engineers are likely to devote much time to their job(work). | 2 He is likely to show up soon. | 3 I heard the rumor that the firm was likely to go bankrupt. | 4 The committee is not likely to agree to the plan. | 5 Inflation is likely to have an important impact on personal spending.

69

have + 목적어 + 동사 원형

I had the mechanic **fix** my car.
나는 정비공에게 내차를 고치게 했다.

have + 목적어 + 동사 원형 : ~에게 … 하게 하다

- 사역동사란 상대방에게 어떤 행위를 시키는 것을 말한다. 즉, 위의 사역동사 have는 누군가(목적어)에게 어떠한 행동(동사원형)을 하게끔 한다는 의미이다. 여기서 목적어는 그 행동이 가능한 대상(사람)이어야 한다.
- 사역동사 have, make, let은 목적보어로 to부정사가 아닌 원형부정사(동사원형)를 사용한다는 점에 주의하자.

| 예제 | 그녀는 나에게 그녀의 차를 닦게 했다.

  STEP 1 She had → 「주어 + 동사」를 구성한다.
  STEP 2 She had me → 동사 다음의 문장요소(목적어)를 넣는다.
  STEP 3 She had me **wash her car**. → 목적보어를 완성한다.

  ↳ 완성된 문장 _ She had me wash her car.

예문 들여다보기

1. I **had** my secretary **wait** for you at the door.
2. Her parents will **have** her **take** a language course in London.
3. His wife **had** his husband **quit** smoking last year.

1 오늘 부사장이 나에게 자신의 개를 산책시키게 했다.

vice president 부사장 | walk ~ ~을 산책시키다

2 나는 나의 남동생에게 나 대신 그곳에 가게 할 것이다.

instead of ~ ~대신

3 나는 치과의사에게 나의 썩은 이빨을 뽑게 했다.

dentist 치과의사 | pull out 뽑다 | decayed tooth 썩은 이빨

4 그 강도들은 점원에게 금고를 열게 했다.

robber 강도 | clerk 점원 | safe 금고

5 그 집주인은 그 젊은 남자에게 담장을 칠하게 했다.

house owner 집주인 | paint 칠하다 | fence 담장

---

day 24 answers

예문 들여다보기 해석
1 나는 내 비서에게 문 앞에서 너를 기다리라고 시켰다. | 2 그녀의 부모님은 그녀에게 런던에서 어학코스를 밟게 할 것이다. | 3 그의 부인은 작년에 그의 남편에게 담배를 끊게 했다.

작문 따라잡기 해석
1 The vice-president had me walk his dog today. | 2 I will have my brother go there instead of me. | 3 I had the dentist pull out my decayed tooth. | 4 The robbers had the clerk open the safe. | 5 The house owner had the young man paint the fence.

have + 목적어 + p.p.

I had my guitar **tuned** before the performance.
나는 공연하기 전에 기타가 **조율되도록 했다**.

have + 목적어 + 과거분사(p.p.) : ~를 … 되게 하다, ~당하다

- 누군가(목적어)에게 어떤 행동을 시키는 경우가 아니라, 목적어(대상물)에게 어떤 행위가 가해지도록 하거나 어떤 행위를 당할 경우, 목적어 뒤에 과거분사(p.p.)가 목적보어로 와야 한다.
- 예문들을 잘 보면 24장과 달리 목적어가 모두 수동적인 대상물이다.

| 예제 | 그녀는 예고도 없이 그 나무들을 베이내게 했다.

STEP 1 She had → 「주어 + 동사」를 구성한다.
STEP 2 She had the trees → 동사 다음의 문장요소(목적어)를 넣는다.
STEP 3 She had the trees cut down → 목적보어(과거분사)를 완성한다.
STEP 4 She had the trees cut down without notice.
→ 나머지 부분(전치사구)을 마무리 한다.

↳ 완성된 문장 _ She had the trees cut down without notice.

예문 들여다보기

1. We should **have** this problem **solved** quickly.
2. During his childhood, he used to **have** his bag **carried** by other students.
3. He **had** his wallet **snatched** away in the train.

1 그녀는 오늘 머리를 잘랐다.

_____

cut 자르다

2 나의 사장은 오늘 내 책상을 치우게 했다.

_____

boss 사장 | desk 책상 | take away 치우다

3 그녀는 병원에서 그녀의 혈압을 검사했다.

_____

blood pressure 혈압 | examine 검사하다

4 그는 오른쪽 다리가 부러졌다.

_____

break(부러뜨리다) - broke - broken

5 그녀는 버스터미널에서 지갑을 도둑맞았다.

_____

purse 지갑 | steal(훔치다) - stole - stolen

day 25 answers

예문 들여다보기 해석
1 우리는 이 문제가 빨리 해결되게 해야 한다. | **2** 어린 시절, 그는 다른 학생들에게 그의 가방을 나르게 하곤 했다. | **3** 그는 기차 안에서 지갑을 강탈당했다.

작문 따라잡기 해석
1 She had her hair cut today. | **2** My boss had my desk taken away today. | **3** She had her blood pressure examined in the hospital. | **4** He had his right leg broken. | **5** She had her purse stolen at the bus terminal.

지각동사 + 목 + 동사원형/~ing

I get tired of hearing people talk about me.
나는 사람들이 내 얘기하는 걸 듣는 게 지긋지긋하다.

지각동사 + 목적어 + 동사원형/-ing(동작 강조)
지각동사 + 목적어 + 과거분사(p.p.)

● see, hear, feel, watch, look at, listen to, notice 등과 같은 지각동사는 아래와 같이 목적보어를 취한다.
1) 목적어의 행위가 능동일 때는 동사원형 또는 현재분사(-ing)를 목적보어로 취한다.
2) 목적어의 행위가 수동일 때는 과거분사(p.p.)를 목적보어로 취한다.

| 예제 | 경비원이 누군가가 강당으로 들어가는 것을 보았다.

STEP 1 The guard noticed → 「주어 + 동사」를 구성한다.
STEP 2 The guard noticed **someone** → 동사 다음의 문장요소(목적어)를 넣는다.
STEP 3 The guard noticed someone **enter the hall**.
→ 목적보어(동사원형)를 완성한다.

└ 완성된 문장 _ **The guard noticed someone enter the hall.**

예문 들여다보기

1. She **saw** the car **approach** and **stop** at the gate.
2. I **saw** her **cheating** in the exam.
3. I **heard** my name **called**.
4. We **noticed** a famous baseball player **being seated** next to our table.

1 나는 그 남자가 총을 자신의 주머니에 넣는 것을 보았다.

_____

put 넣다, 놓다 | gun 총 | pocket 주머니

2 우리는 그 범인이 기차에서 내리는 것을 발견했다.

_____

notice 발견하다, 알아채다 | criminal 범인 | get off ~에서 내리다

3 그 노인은 소녀들이 도와달라고 비명 지르는 것을 들었다.

_____

scream for help 도와달라고 비명을 지르다

4 그들은 미라가 방 안에 눕혀져 있는 것을 발견했다.

_____

mummy 미라 | lay(눕히다) - laid - laid | chamber 방, 내실

5 그녀는 자신의 짐이 보트 위에 실리는 것을 지켜봤다.

_____

watch 지켜보다 | baggage 짐, 수화물 | load 싣다

---

day 26 answers

예문 들여다보기 해석
1 그녀는 그 차가 입구에 접근하여 멈추는 것을 보았다. | **2** 나는 그녀가 시험에서 부정행위를 하고 있는 것을 보았다. | **3** 나는 내 이름이 불리어지는 것을 들었다. | **4** 우리는 한 유명한 야구선수가 우리 테이블 옆에 앉은 것을 알아챘다.

작문 따라잡기 해석
1 I saw the man put a gun in his pocket. | **2** We noticed the criminal get off the train. | **3** The old man heard the girls scream for help. | **4** They noticed a mummy laid in the chamber. | **5** She watched her baggage loaded on the boat.

DAY 27 feel like ~ing

I sometimes feel like crawling into a hole somewhere.
나는 가끔 어디 쥐구멍에라도 기어들어가**고 싶다**.

feel like ~ing : ~하고 싶다(~하고 싶은 기분이 들다)

● 빈번히 사용되는 관용 표현이므로 꼭 알아둔다. 특히, "~하는 것처럼 느끼다"로 잘못 해석하지 않도록 주의한다.

| 예제 | 나는 버스에 탈 때마다 토하고 싶다.

STEP 1 I feel like throwing up → 「주어 + 동사」와 연결된 전체 표현을 구성한다.
STEP 2 I feel like throwing up **whenever I get on the bus**.
→ 접속사절도 '주어 + 동사'를 먼저 찾아 문장을 완성한다.

↳ 완성된 문장 _ I feel like throwing up whenever I get on the bus.

예문 들여다보기

1. I **feel like telling** him the truth, but it can hurt his feeling.
2. I really **feel like getting** away from the office.
3. Actually, he did not **feel like shaking** hands with her, but there was no choice but to do it.

1 그녀는 그들과 술을 마시고 싶지 않았다.

_____

drink 술을 마시다

2 나는 지금 산책하러 나가고 싶다.

_____

go out for a walk 산책하러 나가다

3 나는 때때로 이 일을 그만두고 하와이로 이사가고 싶다.

_____

quit 그만두다 | move to ~로 이사가다 | Hawaii 하와이

4 그 노예는 주인으로부터 벗어나고 싶었다.

_____

free oneself from ~로부터 벗어나다 | master 주인

5 나는 새처럼 하늘을 날고 싶다.

_____

fly 날다 | in the sky 하늘에서

---

day 27 answers

예문 들여다보기 해석
1 나는 그에게 사실을 말해주고 싶지만 그러면 그의 감정을 다치게 할 수도 있다. | **2** 나는 정말 사무실에서 도망치고 싶은 심정이다. | **3** 사실, 그는 그녀와 악수하고 싶지 않았지만 선택의 여지가 없었다.

작문 따라잡기 해석
1 She didn't feel like drinking with them. | **2** I feel like going out for a walk. | **3** Sometimes I feel like quitting this job and moving to Hawaii. | **4** The slave felt like freeing himself from the master. | **5** I feel like flying in the sky like a bird.

DAY 28 on[upon] + ~ing

On getting into the dark room, we were attacked by the cats.
어두운 방에 **들어서자마자** 우리는 그 고양들로부터 공격을 받았다.

작문 포인트

on [upon] + ~ing : ~하자마자 (= As soon as)

- [on + ~ing] 구문이 주절(주어 + 동사 ~) 앞에 있을 땐 쉼표가 들어가며, 주절 뒤에 올 경우는 그대로 뒤따르면 된다. 별도의 언급이 없는 한 "on + ~ing"의 의미상 주어는 주절의 주어이다.

| 예제 | 그 편지를 받자마자 Sarah는 창백해졌다.

STEP 1 On receiving the letter, → 「on + ~ing」 부분을 완성한다.
STEP 2 On receiving the letter, **Sarah turned** → 「주어 + 동사」를 구성한다.
STEP 3 On receiving the letter, Sarah turned **pale**.
→ 동사 다음의 문장요소(보어)를 완성한다.

↳ 완성된 문장 _ On receiving the letter, Sarah turned pale.

예문 들여다보기

1. **On finding** out that she is a spy, he sent a text-message to his boss.
2. **On seeing** her mother, she bursted into tears.
3. **On coming** back home, my wife started complaining to me.

1. 교실에 들어가자마자 나는 Mike가 결석했다는 것을 알아챘다.

---

get into ~에 들어서다 | notice 알아채다 | be absent 결석하다

2. 그 소식을 듣자마자, 그녀는 즉시 비행기를 타고 태국으로 떠났다.

---

leave for ~로 떠나다 | Thailand 태국 | by plan 비행기를 타고

3. 그는 뱀을 보자마자 잠시 동안 주춤거렸다.

---

snake 뱀 | hold back 주춤하다 | for a while 잠시 동안

4. 너는 그 서류들을 받자마자 나에게 통보해야 한다.

---

notify ~에게 통보하다 | document 서류

5. 소파 위에 앉자마자 그녀는 잠들어버렸다.

---

sit on ~위에 앉다 | safa 소파 | fall asleep 잠들다

---

day 28 answers

예문 들여다보기 해석
1 그녀가 스파이라는 것을 알게 되자마자 그는 상사에게 문자 메시지를 보냈다. | 2 그녀는 엄마를 보자마자 울음을 터뜨렸다. | 3 나의 아내는 집에 돌아오자마자 나에게 불평을 하기 시작했다.

작문 따라잡기 해석
1 On getting into the classroom, I noticed (that) Mike was absent. | 2 On hearing the news, she left for Thailand by plane. | 3 On seeing a snake, he held back for a while. | 4 You should notify me on receiving the documents. | 5 On sitting on the sofa, she fell asleep soon.

It is no use + ~ing

It is **no use trying** to excuse yourself.
네가 **아무리** 변명하려고 애써**봐야 소용없다**.

It is no use + ~ing : 아무리 ~해봐야 소용없다

- it은 뒤에 오는 "~ing"를 대신하는 가주어이다. 즉 "~하는 것(~ing), 그것(it)은 소용이 없다(no use)"는 의미가 된다.

|예제| 아무리 총으로 나를 협박해봐야 소용없다.

STEP 1 It is no use threatening → 「It is no use + ~ing」 부분을 완성한다.
STEP 2 It is no use threatening **me** → "~ing"의 다음 문장요소(목적어)를 찾는다.
STEP 3 It is no use threatening me **with a gun**. → 나머지부분을 마무리한다.

↳ 완성된 문장 _ It is no use threatening me with a gun.

예문 들여다보기

1. **It is no use yelling** for help.
2. He is already dead, and **it is no use wishing** him alive again.
3. The facts are quite clear. **It is no use trying** to fake them out.

•• fake out 속이다

1 아무리 여기서 그를 기다려봐야 소용없다.

wait for ~를 기다리다

2 그 문제를 하루 종일 논의해봐야 소용없다.

matter 문제 | discuss ~를 논의하다 | all day long 하루 종일

3 Jenny에게 함께 영화 보러가자고 물어봐야 소용없다.

go to the movies 영화 보러가다 | together 함께

4 그것을 부정하려고 애써봐야 소용없다.

try to ~하려고 애쓰다 | deny ~을 부정하다

5 그에게 접근하려 애써봐야 소용없다. 그는 이제 빈털터리이다.

approach ~에게 접근하다 | penniless 빈털터리

day 29 answers

예문 들여다보기 해석
1 도와달라고 소리쳐봐야 소용없다. | 2 그는 이미 죽었는데 다시 살아나기를 바라는 것은 소용없는 일이다. | 3 그 사실들은 아주 명백하다. 그것들을 꾸미려고 애써봐야 소용없다.

작문 따라잡기 해석
1 It is no use waiting for him here. | 2 It is no use discussing the matter all day long. | 3 It's no use asking Jenny to go to the movies together. | 4 It is no use trying to deny it. | 5 It is no use trying to approach him. He is now penniless.

DAY 30 be worth ~ing

Many parts of what he wrote was not worth publishing.
그가 쓴 작품의 상당부분은 **출판할 가치가 없었다**.

작문 포인트

be worth ~ing (= be worthy of ~ing) : ~할 만한 가치가 있다

- worth 다음에는 반드시 명사 또는 동명사(~ing)가 와야 한다는 점에 주의하자.

| 예제 | 이 영화는 두 번 볼만한 가치가 없다.

STEP 1 This film is → 「주어 + 동사」를 구성한다.
STEP 2 This film is **not worth seeing** → 동사 다음의 문장요소(보어)를 찾는다.
STEP 3 This film is not worth seeing **twice**.
→ 부사(구) 등을 잘 살펴서 마무리한다.

완성된 문장 _ This film is not worth seeing twice.

예문 들여다보기

1. The antiques are **worth exhibiting** in the gallery.
2. It is **worth investing** in the long view.
3. In my judgement, this is not **worth purchasing** now.

1 나는 그의 그림들은 지니고 있을 만한 가치가 있다고 믿는다.

_____

painting 그림 | keep 지니다

2 이 성은 어떤 희생을 치르더라도 적으로부터 지킬 가치가 있다.

_____

castle 성 | defend against ~로부터 지키다 | at all costs 어떤 희생을 치르더라도

3 그의 위업은 찬탄할 만한 가치가 있다.

_____

accomplishment 위업 | admire 찬탄하다

4 그의 질문은 대답할 가치도 없다.

_____

question 질문 | answer 대답하다

5 추장의 아들은 살려둘 만한 가치가 있다.

_____

chief 추장 | keep~alive ~를 살려두다

DAY 30 answers

예문 들여다보기 해석
1 그 골동품들은 화랑에 전시할 가치가 있다. | 2 장기적인 안목으로 보면 그것은 투자할 만한 가치가 있다. | 3 내 판단으로는, 이것은 지금 구입할 가치가 없다.

작문 따라잡기 해석
1 I believe (that) his paintings are worth keeping. | 2 This castle is worth defending against the enemy at all costs. | 3 His accomplishment is worth admiring. | 4 His question is not worth (even) answering. | 5 The chief's son is worth keeping alive.

be accustomed to + ~ing

He is not **accustomed to** waking up early yet.
그는 아직 일찍 일어나는 것에 익숙하지 않다.

be accustomed to + ~ing: ~하는데 익숙하다

- "be used to + ~ing"와 같은 의미로 쓰인다. 여기서 to는 전치사이므로 전치사의 목적어로 사용될 수 있는 명사 또는 동명사 (동사 + ~ing)가 온다는 점에 유의하자.

| 예제 | 나의 어린 아들은 긴 여정을 견디는 데 익숙해져 있다.

STEP 1 My little son is accustomed to → 「주어 + 동사 ~」를 구성한다.
STEP 2 My little son is accustomed to **withstanding**
→ 전치사 to의 목적어를 넣는다.
STEP 3 My little son is accustomed to withstanding **a long journey**.
→ "~ing"의 목적어를 완성한다.

↳ 완성된 문장 _ **My little son is accustomed to withstanding a long journey.**

예문 들여다보기

1. She is **accustomed to** handling such rude guys.
2. You will be **accustomed to** flying in a spacecraft someday.
3. Construction workers are **accustomed to** working in dangerous environments.

1 나는 사람들 앞에서 말하는 것에 익숙하지 않다.

make a speech 말하다 | in public 사람들 앞에서

2 Kevin은 1시간 이상 공부하는 데 익숙하지 않다.

more than ~ ~이상

3 사람들은 자신을 따뜻하게 하기 위해서 담요를 사용하는 것에 익숙해져 있다.

blanket 담요 | make oneself warm 자신을 따뜻하게 하다

4 그 환자는 격심한 고통들을 견디는 데 익숙해져 있다.

stand 견디다 | sharp pain 격심한 고통

5 그 영국인 사업가는 아직 서울에 사는 것에 익숙하지 않다.

businessman 사업가

---

day 31 answers

예문 들여다보기 해석
1 그녀는 그런 무례한 남자들을 다루는 데 익숙하다. | 2 너는 언젠가 우주선을 타고 여행하는 것에 익숙해질 것이다. | 3 공사현장 노동자들은 위험한 환경에서 일하는 것에 익숙하다.

작문 따라잡기 해석
1 I'm not accustomed to making a speech in public. | 2 Kevin is not accustomed to study more than an hour. | 3 People are accustomed to using blankets to make themselves warm. | 4 The patient is accustomed to standing sharp pains. | 5 The English businessman is not accustomed to living in Seoul yet.

be used to + ~ing

My aunt is used to getting rejected from men.
나의 이모는 남자들에게 퇴짜 맞는 데 익숙하다.

be used to + ~ing : ~하는데 익숙하다

- 이 표현에서의 to는 전치사이므로 뒤에 명사 또는 동명사(~ing)가 와야 한다.
- 'used to'가 포함되는 표현들은 영문장에서 아주 빈번히 사용될 뿐만 아니라 to의 성격에 따라 뜻이 현격히 달라지므로 이번 장에서 아래의 세 가지 표현이 갖는 의미 차이를 정확히 이해하고 작문을 통해 직접 활용해보자.
- used to + 동사원형 : ~하곤 했다, ~ 했다(과거의 습관, 상태)   ← to부정사
- be used to + 동사원형 : ~하는데 사용되다   ← to부정사
- be used to + 명사/-ing : ~에 익숙하다   ← 전치사 to

| 예제 | 나의 어린 조카는 모형비행기를 조립하는 데 익숙하다.

STEP 1 My little nephew is used to → 「주어 + 동사 ~」를 구성한다.
STEP 2 My little nephew is used to **assembling**
→ 전치사 to의 목적어를 찾는다.
STEP 3 My little nephew is used to assembling **model planes**.
→ "~ing"의 목적어를 완성한다.

└ 완성된 문장 _ **My little nephew is used to assembling model planes.**

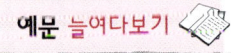
예문 늘여다보기

1. He **used to be** a pilot, but now he has a desk job.
2. A microphone is **used to magnify** small sounds or to transmit sounds. •• magnify 확대하다
3. My younger brother **is used to being** scolded by my mother.

1 Judy와 나는 그 호수에 낚시하러 가곤 했다.

_____

go fishing 낚시하러 가다 | lake 호수

2 우라늄은 핵무기들을 만드는 데 사용될 수 있다.

_____

uranium 우라늄 | nuclear weapon 핵무기

3 우리는 서로 헐뜯는 데 익숙하다.

_____

find faults with each other 서로 헐뜯다

4 나의 삼촌은 코를 후비는 데 익숙하다.

_____

pick one's nose 코를 후비다

5 Tom은 그의 보트로 여행을 하는 데 익숙하다.

_____

travel 여행하다 | in a boat 보트로 여행하다

day 32 answers

예문 들여다보기 해석
1 그는 예전에 조종사였지만 지금은 사무직 일자리를 갖고 있다. | 2 확성기는 소리를 확대하거나 전달하는 데 쓰인다. | 3 내 남동생은 엄마한테 꾸중 듣는 데 익숙하다.

작문 따라잡기 해석
1 Judy and I used to go fishing to the lake. | 2 Uranium can be used to make nuclear weapons. | 3 We are used to finding faults with each other. | 4 My uncle is used to picking his nose. | 5 Tom is used to traveling in his boat.

DAY 33 There is no + ~ing

There is no holding him once he gets stuck into something.
그가 일단 무엇인가에 몰두하면 그를 말릴 **방법이 없다**.

There is no + ~ing : ~할 수가 없다(~할 방법이 없다)

- 무언가를 하고 싶거나 알고 싶어도 그 해법을 찾을 길이 없을 때 종종 쓰는 표현이다. 즉 "~할 방법(도리)가 없다"라는 의미로 해석된다.

| 예제 | 갑작스런 부동산 가격 하락을 설명할 길이 없다.

STEP 1 There is no explaining → 「There is no ~ing」를 완성한다.
STEP 2 There is no explaining **the sudden drop**
→ "~ing"의 목적어(또는 이어지는 문장 요소)를 찾는다.
STEP 3 There is no explaining the sudden drop **in real estate prices**.
→ 마지막 부분 (부사, 전치사구 등)을 마무리한다.

↳ 완성된 문장 _ There is no explaining the sudden drop in real estate prices.

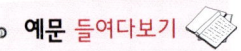

1. **There is no explaining** why red "looks like" red.
2. **There is no knowing** what might happen to us in the future.
3. **There is no governing** irregular trade overseas.

1 아이들이 떠드는 것을 막을 수가 없다.

_____

prevent A from ~ing A가 ~하는 것을 막다 | make a noise 떠들다

2 우리 힘으로 인플레이션을 억제시킬 수가 없다.

_____

control 억제시키다 | inflation 인플레이션 | by ourselves 우리 힘으로

3 그의 유죄를 증명할 수가 없다.

_____

prove 증명하다 | guilty 유죄

4 이 장치로는 그의 흔적을 찾을 수가 없다.

_____

device 장치 | traces 흔적

5 그의 정체를 알 수가 없다.

_____

identity 정체

---

day 33 answers

예문 들여다보기 해석
1 왜 빨간색이 빨간색으로 보이는지 설명할 방법이 없다. | 2 우리는 미래에 무슨 일이 일어날 지 알 수가 없다. | 3 해외에서의 변칙적인 교역을 규제할 수가 없다.

작문 따라잡기 해석
1 There is no preventing children from making a noise. | 2 There is no controlling the inflation by ourselves. | 3 There is no proving his guilty. | 4 There is no finding his traces with this device. | 5 There is no knowing his identity.

DAY 34

cannot help ~ing / cannot but + 동사원형

She **cannot help falling** in love with me.
그녀는 나와 사랑에 빠질 수밖에 없다.

작문 포인트

cannot help + ~ing : ~하지 않을 수 없다(= cannot but + 동사원형)

● cannot help 다음에는 동명사(~ing)가 오지만 cannot but 다음에는 동사원형이 온다는 것에 주의하자.

| 예제 | 그녀는 자유를 위해 싸우지 않을 수 없었다.

STEP 1 She could not help fighting
→ 「주어 + cannot help ~ing」를 구성한다.

STEP 2 She could not help fighting **for liberty**.
→ "~ing" 다음에 이어지는 문장요소를 완성한다.

└→ 완성된 문장 _ She could not help fighting for liberty.

예문 들여다보기

1. We **cannot help respecting** him as a great artist.
2. I **cannot but admire** his courage.
3. I **cannot but praise** his aspiration toward learning.

•• aspiration 열망

작문 따라잡기

1. 그 보안관은 죄수를 놓아주지 않을 수 없었다.

   _____

   sheriff 보안관 | set ~ free ~을 놓아주다 | prisoner 죄수

2. 그는 자기 눈을 의심하지 않을 수 없었다.

   _____

   distrust one's own eyes 자신의 눈을 의심하다

3. 우리는 이 학교의 부패상에 탄식하지 않을 수 없다.

   _____

   deplore ~에 탄식하다 | corrupt conditions 부패상

4. 우리는 그들의 부정에 항의하지 않을 수 없었다.

   _____

   protest against ~에 항의하다 | injustice 부정(행위)

5. 나는 그의 결정에 반대하지 않을 수 없다.

   _____

   offer opposition to ~에 반대하다 | decision 결정

---

day 34 answers

예문 들여다보기 해석
1 우리는 위대한 예술가인 그를 존경하지 않을 수 없다. | 2 나는 그의 용기에 경탄하지 않을 수 없다. | 3 나는 배움을 향한 그의 열망을 칭찬하지 않을 수 없다.

작문 따라잡기 해석
1 The sheriff could not help setting the prisoner free. | 2 He could not help distrusting his own eyes. | 3 We cannot but deplore the corrupt conditions of this school. | 4 We could not but protest against their injustice. | 5 I cannot but offer opposition to his decision.

DAY 35 prevent + 목적어 + from ~ing

We must prevent them from finding our secret at all costs.
우리는 무슨 수를 쓰더라도 그들이 우리의 비밀을 알아내는 것을 막아야 한다.

작문 포인트

prevent + 목적어 + from ~ing : ~가 ~하는 것을 막다

- prevent 대신 keep, stop 등이 쓰여도 같은 의미가 된다.

| 예제 | 갑작스런 병으로 내가 그 파티에 참석할 수 없게 되었다.

  STEP 1 A sudden illness prevented → 「주어 + 동사」를 구성한다.
  STEP 2 A sudden illness prevented **me** → 목적어를 찾아 넣는다.
  STEP 3 A sudden illness prevented me **from attending the party**.
  → "from ~ing" 부분을 완성하다.

  └ 완성된 문장 _ **A sudden illness prevented me from attending the party.**

예문 들여다보기

1. Nothing will **prevent** me **from doing** my duty.
2. You should **prevent** visitors **from coming** across the grass.
3. Here is something you can do to **prevent** yourself **from catching** the flu.

1 폭풍우가 그들이 항해하는 것을 막았다.

_____

the storm 폭풍우 | sail 항해하다

2 그들이 우리가 건물에 들어가는 것을 막고 있다.

_____

enter 들어가다

3 그 가지들이 연어가 상류로 헤엄쳐가는 것을 방해한다.

_____

branch 가지 | salmon 연어 | swim upstream 상류로 헤엄쳐가다

4 나쁜 자세는 여러분의 등뼈가 곧게 자라는 것을 방해할 것이다.

_____

posture 자세 | backbone 등뼈 | grow 자라다 | straight 곧게

5 교회 종이 내가 잠자는 것을 방해했다.

_____

church bell 교회종

---

day 35 answers

예문 들여다보기 해석
1 어떤 일이 있어도 나는 내 할 일은 한다. | 2 너는 방문객들이 잔디밭을 횡단하는 것을 막아야 한다. | 3 당신이 감기에 걸리지 않도록 할 수 있는 몇 가지 예방책이 여기 있습니다.

작문 따라잡기 해석
1 The storm prevented them from sailing. | 2 They are preventing us from entering the building. | 3 The branches prevent salmons from swimming upstream. | 4 Bad posture will prevent your backbones from growing straight. | 5 The church bell prevented me from sleeping.

04

분사 구문

DAY 36 명사 + 현재분사/과거분사

All the boxes **packed this morning** will be sent to some hospitals in Africa. 오늘 아침에 포장된 상자들은 모두 아프리카에 있는 일부 병원에 보내질 것이다.

작문 포인트

현재분사(-ing) : 능동, 진행의 의미 / 과거분사(p.p.) : 수동, 완료의 의미

- 분사는 문장에서 형용사 역할을 한다. 명사를 꾸며줄 때도 일반 형용사처럼 명사 앞에 위치하는 것이 원칙이지만 부속단어가 있을 경우는 명사 뒤에 위치하여 꾸며준다.
- 현재분사(~ing)는 능동, 진행의 의미를 나타내며, 과거분사(p.p.)는 수동, 완료의 의미를 나타낸다. 아래의 문장을 유심히 비교해보자. 두 문장 모두 분사가 앞의 명사를 꾸며주고 있으나 의미는 반대이다.

| 예제 1 | 피아노를 치고 있는 소녀는 나의 사촌이다.

The girl playing the piano is my cousin.

→ "피아노를 치고 있는 소녀"라는 능동적 행위의 주어를 만들어야 하므로 능동 의미를 갖는 현재분사(~ing)가 앞에 있는 명사(The girl)를 꾸며주어 주부를 완성했다.

| 예제 2 | 이집트어로 쓰여진 편지 하나가 그에게 배달되었다.

A letter written in Egyptian was delivered to him.

→ "이집트어로 쓰여진 편지"라는 수동적 행위의 주어를 만들어야 하므로 수동의 의미를 갖는 과거분사(p.p)가 앞의 명사를 꾸며주어 구부를 완성했다.

예문 들여다보기

1. The lady **sitting next to him** was my English teacher last year.
2. I don't like the man **speaking to Jane over there**.
3. The girl **surrounded by children** is very popular in her school.
4. I met the woman **rescued at the valley** yesterday.

1 너에게 짖고 있는 그 개는 매우 사납다.

_____

bark at ~에게 짖다 | wild 사나운

2 우리를 응시하고 있는 저 소년이 이 상점주인의 아들이다.

_____

stare at ~를 응시하다 | store owner 상점주인

3 너는 거실에서 엄마와 얘기하고 있는 저 여자를 아니?

_____

talk with(to) ~와 얘기하다 | living room 거실

4 경찰에 의해 체포된 그 남자는 결백하다.

_____

arrest 체포하다 | the police 경찰 | innocent 결백한

5 그녀는 그녀의 할아버지에 의해 지어진 집을 샀다.

_____

build 짓다 | grandfather 할아버지

---

day 36 answers

예문 들여다보기 해석
1 그 옆에 앉아 있는 숙녀는 작년에 나의 영어선생님이었다. | **2** 나는 저편에서 제인과 얘기하고 있는 남자를 싫어한다. | **3** 아이들에 의해 둘러싸인 그 소녀는 그녀 학교에서 매우 인기 있다. | **4** 나는 어제 계곡에서 구조된 여자를 만났다.

작문 따라잡기 해석
1 The dog barking at you is very wild. | **2** That boy staring at us is the owner's son of this store. | **3** Do you know the woman talking with mom in the living room? | **4** The man arrested by the police is innocent. | **5** She bought the house built by her grandfather.

동사 + 현재분사/과거분사

The door remained **locked**.
그 문은 **잠긴 채로** 남아있었다.

동사 + 현재분사(~ing) : ~하면서
동사 + 과거분사(p.p.) : ~된 채로, ~되어

● 분사가 동사 뒤에서 보어 역할을 하는 문장 형태이다. 현재분사(~ing)가 동사 뒤에 오면 주로 "~하면서"로 해석되고, 과거분사(p.p.)가 오면 "~된 채로" 또는 "~되어"로 해석된다.

| 예제 | 그 신사는 잡지를 읽으면서 앉아있었다.

> **STEP 1** The gentleman sat → 「주어 + 동사」를 구성한다.
> **STEP 2** The gentleman sat **reading a magazine**.
> → 동사 다음의 문장요소(보어)를 완성한다.

↳ 완성된 문장 _ The gentleman sat reading a magazine.

1. She came up to me **waving her hand**.
2. My boy friend left **laughing at me** in the coffee shop.
3. My husband stood **surrounded by gangsters** on the street.

작문 따라잡기

1. 그의 여자 친구는 울면서 밖으로 나갔다.

   ___

   go outside 밖으로 나가다 | cry 울다

2. 그 경관은 범인에게 총을 쏘면서 달렸다.

   ___

   police officer 경관 | fire(shoot) a gun at ~에게 총을 쏘다 | criminal 범인

3. Neil은 주문을 외우면서 거리를 걷는다.

   ___

   chant a spell 주문을 외우다

4. 그 인질은 밧줄에 묶인 채로 누워 있었다.

   ___

   hostage 인질 | lie(눕다) lay - lain | tie 묶다 | with cords 밧줄로

5. 그는 칼에 부상당한 채로 집에 돌아왔다.

   ___

   come back 돌아오다 | wound 부상당하다

---

day 37 answers

예문 들여다보기 해석
1 그녀는 손을 흔들면서 나에게 다가왔다. | 2 내 남자친구는 커피숍에서 나를 비웃으면서 떠났다. | 3 나의 남편은 폭력배들에 둘러싸인 채로 거리에 서 있었다.

작문 따라잡기 해석
1 His girlfriend went outside crying. | 2 The police officer ran firing a gun at the criminal. | 3 Neil walks chanting a spell on the street. | 4 The hostage lay tied with cords. | 5 He came back home wounded by a knife.

DAY 38 현재분사구문

Hearing the news, she turned pale with shock and horror.
그녀는 그 소식을 들었을 때 충격과 공포로 창백해졌다.

- 긴 부사절의 접속사, 주어 등을 생략하는 대신 동사를 분사로 바꾸어 간단한 부사구로 전환한 형태의 문장을 분사구문이라 한다.
- 시간, 때, 이유, 조건, 양보 등을 나타내는 when, while, after, as, because, since, if, though 등의 접속사가 있는 문장을 현재분사구문으로 전환할 수 있다.

분사구문 만드는 요령

When he saw a policeman, he ran away. (그는 경찰관을 보고 도망갔다.)
접속사 주어 동사

STEP 1 접속사를 없앤다.
STEP 2 접속사절의 주어와 주절의 주어가 동일할 때는 접속사절의 주어도 없앤다.
STEP 3 접속사 절의 동사를 「동사원형 + ing」 형태로 바꾼다.

↳ 완성된 문장 _ **Seeing a policeman, he ran away.**

예문 들여다보기

1. **Walking** along the street, she came across Dorothy.
   (= While she was walking along the street, she came across Dorothy.)

2. **Turning** to the right, you will find the postoffice.
   (= If you turn to the right, you will find the postoffice.)

3. **Not knowing** where to go, I just followed him.
   (= As I didn't know where to go, I just followed him.)
   cf. 부사절이 부정문이면 분사 앞에 Not이나 Never를 쓴다.

4. **Having finished** her work, Patty went shopping.
   (= After Patty had finished her work, she went shopping.)

다음 문장을 분사구문으로 바꾸시오.

1. While I was sleeping in a train, I had my wallet stolen.

   _____

   wallet 지갑

2. After I had read the book, I returned it to her.

   _____

3. If I finish my work early, I will go to the concert with you.

   _____

4. As the farmer was poor, he couldn't buy her a wedding ring.

   _____

day 30 answers

예문 들여다보기 해석
1 그녀는 길을 따라 걷고 있는 동안 Dorothy와 우연히 마주쳤다. | 2 너는 오른쪽으로 돌면 우체국을 발견할 것이다. | 3 나는 어디로 가야할지 몰라서 그냥 그를 따라갔다. | 4 Patty는 일을 끝내고 나서 쇼핑하러 갔다.

작문 따라잡기 해석
1 (Being) sleeping in a train, I had my wallet stolen. 나는 기차 안에서 자고 있는 동안 내 지갑을 도둑맞았다. | 2 Having read the book, I returned it to her. 나는 그 책을 다 읽고 나서 그녀에게 돌려주었다. | 3 Finishing my work early, I will go to the concert with you. 만약 내가 일을 일찍 끝내면 너와 함께 음악회에 갈게. | 4 Being poor, the farmer couldn't buy her a wedding ring. 그 농부는 가난해서 그녀에게 결혼반지를 사주지 못했다.

과거분사구문

Disappointed with the result, she gave up her dream early.
그녀는 결과에 실망하며 일찍 자신의 꿈을 포기했다.

- 「be + 과거분사」 형태의 수동태 절이 분사구문으로 바뀌면 「being + 과거분사」의 형태가 되지만 일반적으로 being과 having been을 생략한다. 다시 말해서, 과거분사로 시작되는 분사구문은 수동태문장이라고 보면 된다.

과거분사구문 만드는 요령

If + the rock + is seen at a distance, it looks like a human.
접속사   주어   be동사

> **STEP 1** 접속사를 없앤다.
> **STEP 2** 접속사절의 주어가 주절의 주어와 동일할 때는 주어도 없앤다.
> **STEP 3** 접속사절의 be동사를 없앤다. (어차피 분사구문에서 being은 생략됨)
> **STEP 4** 주절의 주어가 대명사인 경우, 원래의 모습(구체적인 상태)으로 바꾼다.

↳ 완성된 문장 _ **Seen at a distance, the rock looks like a human.**
멀리서 보면 그 바위는 사람처럼 보인다.

예문 들여다보기

1. **Seen** from the plane, the island was very beautiful.
   (= When the island was seen from the plane, it was very beautiful.)
2. **Written** in an easy style, the book has many readers.
   (= As the book is written in an easy style, it has many readers.)
3. **(Being) Angry** at my words, he made no reply.
   (= As he was angry at my words, he made no reply.)
   cf. 형용사, 명사, 과거분사 앞에 쓰인 being 또는 having been은 생략이 가능하다.

과거분사구문으로 전환하시오.

1 When she was left by herself, she wept bitterly.

bitterly 비통하게

2 Because this book has been printed in haste, it has many misprints.

in haste 성급하게

3 As he was surprised at the news, he was struck dumb.

be struck dumb 말문이 막히다

4 Though the coat was made in Italy, it was not so expensive.

though 비록

예문 들여다보기 해석
1 그 섬은 비행에서 보았을 때 매우 아름다웠다. | 2 그 책은 쉬운 문체로 쓰여져서 독자가 많다. | 3 그녀는 내 말에 화가 나서 대답을 하지 않았다.

작문 따라잡기 해석
1 Left by herself, she wept bitterly. 그녀는 혼자 남겨졌을 때 비통하게 울었다. | 2 (Having been) Printed in haste, this book has many misprints. 이 책은 성급하게 인쇄되었기 때문에 오류가 많다. | 3 (Being) surprised at the news, he was struck dumb. 그는 그 소식에 놀라서 할 말을 잃었다. | 4 Made in Italy, the coat was not so expensive. 그 코트는 비록 이태리에서 만들어졌지만 그렇게 비싸지는 않았다.

독립분사구문

Strictly speaking, she is not a top class singer.

엄밀히 말하면, 그녀는 일류 가수는 아니다.

- 독립분사구문

  분사구문의 의미상 주어(접속사절 주어)가 주절의 주어와 같을 때는 생략하지만, 다를 때는 분사 앞에 주어를 제시해 주어야 한다. 즉, 분사구문이 분사 자체의 주어를 갖는 것을 독립분사구문이라고 한다.

  | 예제 | As **it** was fine, **we** went on a picnic. 날씨가 좋아져서 우린 소풍을 갔다.

  ↳ 분사구문 _ **It being fine, we went on a picnic.**

  ※ 접속사절의 주어(it)와 주절의 주어(we)가 서로 다르기 때문에 분사구문에서 각각 주어를 제시해주고 있다.

- 무인칭 독립분사구문

  분사구문의 의미상 주어가 we, you, they, people, one 등과 같이 막연한 일반인을 나타낼 때는 아예 생략하여 마치 관용표현처럼 사용한다.

  Judging from   ~으로 판단하자면   Granting that   ~을 인정한다 하더라도
  Generally speaking 일반적으로 말하자면   Considering   ~을 고려하면
  Strictly speaking   엄격히 말하자면   Compared with(to) ~와 비교하면

  > 예문 들여다보기
  >
  > 1. **Generally speaking**, Koreans have a hot-temper.
  > 2. **Considering her age**, she has an incredible body shape.
  > 3. **Judging from** his accent, he seems to be an American.
  > 4. **Granting that** you were drunk, you should be responsible for your behavior.

1 그의 외모로 판단해보면, 그는 40이 넘은 것처럼 보인다.

appearance 외모 | seem to be ~ ~인 것처럼 보이다 | over ~을 넘은

2 일반적으로 말해서, 여자들은 남자들보다 오래 산다.

longer than ~보다 더 오래

3 엄격히 말해서, 그녀는 수학을 그리 잘하는 것은 아니다.

be good at ~를 잘하다 | math 수학

4 그의 일을 고려하면, 그의 월급은 높지 않다.

salary 월급

5 그가 정신질환이 있다는 것을 인정하더라도, 그는 유죄이다.

mentally disabled 정신질환이 있는 | guilty 유죄의

---

day 40 answers

예문 들여다보기 해석
1 일반적으로 말하면, 한국인들은 성질이 급하다. | 2 나이를 고려하면, 그녀는 믿기 어려울 정도의 몸매를 가지고 있다. | 3 억양을 판단해보면, 그는 미국인인 것 같다. | 4 취해 있었다는 것을 인정하더라도, 너는 네 행동에 책임을 져야 한다.

작문 따라잡기 해석
1 Judging from his appearance, he seems to be over forty. | 2 Generally speaking, women live longer than men. | 3 Strictly speaking, she is not so good at math. | 4 Considering his work, his salary is not high. | 5 Granting that he is mentally disabled, he is guilty.

Compared with ~

Girls are definitely lacking compared with the number of boys at the present. 현재 남자아이의 수와 비교해보면 여자아이는 절대적으로 부족하다.

compared with ~ : ~와 비교해보면

- 작문 할 때 compared with 뒤에 오는 대상은 주절의 주어와 비교가 가능한 형태 또는 성질의 것이어야 한다.

| 예제 | James와 비교하면, 나의 남편은 훨씬 더 잘생겼다.

STEP 1 Compared with James, → 「compared with ~」를 완성한다.
STEP 2 Compared with James, **my husband is** → 「주어 + 동사」를 구성한다.
STEP 3 Compared with James, my husband is **much more handsome**.
→ 동사 다음의 문장요소(보어)를 완성한다.

└ 완성된 문장 _ Compared with James, my husband is much more handsome.

예문 들여다보기

1. **Compared with** last year, prices have risen by 10 percent.
2. **Compared with** my friends' wives, my wife is so slim and pretty.
3. The birth rate shows a decrease **compared with** the preceding year.

1 다른 아시아인들과 비교해보면, 한국인들은 많은 우수한 특성들을 가지고 있다.

_____

Asian 아시아인 | superior quality 우수한 특성

2 우리의 어려움들과 비교해보면, 너의 문제는 대수롭지 않아 보인다.

_____

difficulty 어려움 | insignificant 대수롭지 않은

3 돼지고기나 닭고기와 비교해보면, 쇠고기는 비싼 품목이다.

_____

pork 돼지고기 | beef 쇠고기 | expensive 비싼 | item 품목

4 그의 수입과 비교해보면, 내 봉급은 아주 낮은 편이다.

_____

income 수입 | wage 봉급 | much lower 아주 낮은

5 다른 아시아 국가들과 비교해보면, 한국의 경제 성장률은 더 높은 편이다.

_____

economic growth rate 경제 성장률 | higher 더 높은

answers

예문 들여다보기 해석
1 작년과 비교하면, 물가가 10퍼센트나 올랐다. | **2** 내 친구들의 와이프들과 비교하면 내 아내가 훨씬 날씬하고 예쁘다. | **3** 전년도와 비교해보면, 출생율이 감소를 보인다.

작문 따라잡기 해석
1 Compared with other Asians, Koreans have many superior qualities. | **2** Compared with our difficulties, your problem seems insignificant. | **3** Compared with porks or chickens, beefs are an expensive item. | **4** Compared with his income, my salary is much lower. | **5** Compared with other Asian countries, Korea's economic growth rate is higher.

DAY 42 with + 목적어 + ~ing

With July approaching, we need to set up this year's summer vacation schedule. 7월이 다가옴에 따라 우리는 이번 여름휴가 스케줄을 짜야할 필요가 있다.

작문 포인트

with + 목적어 + ~ing : ~함에 따라, ~하면서

- 전치사 with 다음에 목적어와 함께 그 목적어를 꾸며주는 현재분사(~ing)가 함께 오는 표현이다.
- 이 표현은 예문과 같이 동시에 일어나는 일에 대한 구체적인 묘사가 필요할 때 사용된다.

| 예제 | 엔진이 굉음소리를 내면서 차가 길 한가운데에 멈췄다.

- **STEP 1** The car stopped → 「주어 + 동사」를 구성한다.
- **STEP 2** The car stopped **in the middle of the road**
  → 동사 다음의 문장요소(부사구)를 넣는다.
- **STEP 3** The car stopped in the middle of the road **with the engine**
  → 「with + 목적어」를 먼저 만든다.
- **STEP 4** The car stopped in the middle of the road with the engine **making a roaring sound**.
  → 목적어(the engine)를 꾸며주는 목적보어를 완성한다.

↳ 완성된 문장 _ The car stopped in the middle of the road with the engine making a roaring sound.

예문 들여다보기

1. **With night coming on**, we left for home.
2. It was a misty morning **with little wind blowing**.
3. For westerners, Asia has become an object of curiosity **with film makers turning** to the orient for inspiration.

작문 따라 잡기

1. 시험이 다가오면서, 그는 점점 더 신경이 날카로워졌다.

   _____

   exam 시험 | approach 다가오다 | more and more nervous 점점 더 신경이 날카로운

2. 마감일이 다가옴에 따라, 우리는 서둘러서 리포트를 완성했다.

   _____

   deadline 마감일 | get near 다가오다 | hurry to ~ 서둘러서 ~하다

3. 출발시간이 가까워지면서, 그녀는 갑자기 울기 시작했다.

   _____

   departure time 출발시간 | get close 가까워지다 | suddenly 갑자기

4. 그의 개가 그를 따라가면서 그는 빠르게 걸었다.

   _____

   fast 빠르게 | follow ~를 따라가다

5. 그녀의 아버지는 돈을 거두면서 그녀는 춤을 추었다

   _____

   dance 춤추다 | pass the hat around 돈을 거두다

---

day 42 answers

예문 들여다보기 해석

1 어두워지면서(밤이 되면서) 우리는 집으로 떠났다. | 2 바람이 거의 불지 않는 안개 낀 아침이었다. | 3 영화제작자들이 영감을 얻기 위해 동양으로 눈을 돌리면서 서양인들에게 아시아는 호기심의 대상이 되었다.

작문 따라잡기 해석

1 With the exam approaching, he became more and more nervous. | 2 With the deadline getting nearer, we hurried to complete the report. | 3 With the departure time getting close, she suddenly started to cry. | 4 He walked fast with his dog following him. | 5 She danced with her father passing the hat around.

DAY 43 with + 목적어 + p.p.

Babies are all born with their eyes closed.
아기는 모두 눈이 감겨진 채로 태어난다.

작문 포인트

with + 목적어 + p.p. : ~되어서, ~된 채로

- 전치사 with 다음에 목적어와 함께 그 목적어를 꾸며주는 과거분사(p.p.)가 함께 오는 표현이다.
- 이 표현은 예문과 같이 동시에 일어나는 일에 대한 구체적인 묘사가 필요할 때 사용된다.

| 예제 | 그는 번호판을 가린 채로 트럭을 몰았다.

STEP 1 He drove → 「주어 + 동사」를 구성한다.
STEP 2 He drove **the truck** → 동사 다음의 문장요소(목적어)를 넣는다.
STEP 3 He drove the truck **with the license plate covered**.
→ 「with + 목적어 + p.p.」부분을 완성한다.

↳ 완성된 문장 _ **He drove the truck with the license plate covered.**

예문 들여다보기

1. **With an eye bandaged**, I could not read properly.
2. She sat alone in her office **with her eyes closed**.
3. He suddenly died **with the painting unfinished**.

1 창문이 열린 채로 잠자리에 들지 마라.

go to bed 잠자리에 들다

2 낯선 남자가 팔짱을 낀 채로 문 앞에 서 있었다.

strange 낯선 | at the door 문 앞에 | fold 접다

3 낙엽들이 흩어진 채로 나무문이 삐걱거리고 있었다.

wooden door 나무문 | creak 삐걱거리다 | leaf 낙엽 | scatter 흩뿌리다

4 그의 차는 창문들이 깨진 채로 길에 방치되었다.

be left 방치되다

5 보트의 한쪽 끝이 잠긴 채로 그는 잠이 들었다.

fall asleep 잠들다 | one end of ~의 한쪽 끝 | sink(가라앉다)-sank-sunk

day 43 answers

예문 들여다보기 해석
1 나는 한쪽 눈을 가린 채로 제대로 읽을 수가 없었다. | **2** 그녀는 눈을 감은 채로 사무실에 혼자 앉아 있었다. | **3** 그는 그 그림을 미완성한 채로 세상을 떠났다.

작문 따라잡기 해석
1 Don't go to bed with the window opened. | **2** A strange man stood at the door with his arms folded. | **3** The wooden door was creaking with the leaves scattered. | **4** His car was left on the street with the windows broken. | **5** He fell asleep with one end of the boat sunk.

DAY 44 with + 목적어 + 형용사/부사(구)

The report sent to the professor is incomplete, **with the first two pages missing.** 교수님께 보내진 그 리포트는 **첫 두 페이지가 없어진 채로** 미완성된 것이다.

작문 포인트

with + 목적어 + 형용사/부사(구) : ~한 채로, ~하면서

- 전치사 with 다음에 목적어와 함께 그 목적어를 꾸며주는 일반 형용사 또는 부사구 등이 오는 표현이다.
- 이 표현은 예문과 같이 어떤 일의 상태에 대한 구체적인 묘사가 필요할 때 사용된다.

| 예제 | 그들은 불을 켜 놓은 채로 지하실을 나가버렸다.

STEP 1 They got out of → 「주어 + 동사」를 구성한다.

STEP 2 They got out of **the basement**
→ 동사 다음의 문장요소(목적어)를 넣는다.

STEP 3 They got out of the basement **with the lights on**.
→ 「with + 목적어 + 부사(구)」 부분을 완성한다.

↳ 완성된 문장 _ They got out of the basement with the lights on.

예문 들여다보기

1. Don't speak **with your mouth full**.
2. He was standing **with his hands in his pockets**.
3. The doctor lay back in his long chair, **with his head against the cushion**.

1 그는 그의 등을 나무에 기댄 채로 서 있었다.

_____

back 등 | against ~에 기대어

2 그녀는 코트를 팔에 걸치고 아래층으로 내려왔다.

_____

come downstairs 아래층으로 내려오다 | over one's arm ~위에 걸쳐서

3 그 소년은 바구니를 비운 채로 나무에 올라갔다.

_____

climb up ~를 오르다 | basket 바구니 | empty 비어 있는

4 신발을 신은 채로 들어오지 마시오.

_____

come in 들어오다 | on 신은, 입은

5 방이 어질러진 채로 그는 글쓰기에만 몰두하고 있었다.

_____

be absorbed in ~에 몰두하다 | in a mess 어질러져 있는

---

day 44 answers

예문 들여다보기 해석
1 입에 음식을 가득 넣은 채로 말하지 마라. | 2 그는 손을 주머니에 넣은 채로 서 있었다. | 3 그 의사는 머리를 쿠션에 기댄 채로 그의 긴 의자에 등을 대고 누웠다.

작문 따라잡기 해석
1 He stood there with his back against the tree. | 2 He came downstairs with his coat over his arm. | 3 The boy climbed up a tree with the basket empty. | 4 Don't come in with your shoes on. | 5 He was absorbed in writing with the room in a mess.

113

관계사 구문

CHAPTER 05

주격 관계대명사 구문

A satellite is an object **which is sent into space to collect information**.
위성은 정보를 모으기 위해 우주공간에 보내지는 물체이다.

선행사 + who + 동사 ... (선행사가 사람일 경우)
선행사 + which + 동사 ... (선행사가 사물 또는 동물일 경우)

- 관계대명사절은 앞에 있는 선행사를 수식하는 형용사 절이므로 아래의 예제와 같이 항상 불완전한 문장 형태를 이룬다.
- 선행사가 사람이면 주격 관계대명사로 who가 쓰이며, 사물일 경우 which가 쓰인다. 단, 관계대명사 that은 어떤 형태의 선행사가 와도 쓰일 수 있다.

| 예제 | 일전에 우리를 도와준 그 남자는 Jane의 남편이다.

STEP 1 The man who helped us the other day
→ 관계대명사 who를 이용한 완전한 주어를 만든다.
STEP 2 The man who helped us the other day **is** → 동사까지 완성한다.
STEP 3 The man who helped us the other day is **Jane's husband**.
→ 나머지 문장 요소(보어)를 완성한다.

└ 완성된 문장 _ The man who helped us the other day is Jane's husband.

예문 들여다보기

1. I was unable to find out the name of the man **who called me yesterday**.
2. I am looking for the boy **who threw me a stone last night**.
3. The document **which was given to me 3 days ago** has been stolen.

1 나는 뒤뜰에서 혼자 놀고 있는 그 소년을 안다.

play alone 혼자 놀다 | backyard 뒤뜰

2 우리는 알래스카에 사는 한 한국인을 만났다.

Alaska 알래스카

3 형사처럼 보이는 한 남자가 그녀에게 다가왔다.

look like ~처럼 보이다 | detective 형사 | come up to ~에게 다가오다

4 그 교통사고에서 다친 아이는 지금 병원에 있다.

be injured 다치다 | traffic accident 교통사고

5 너를 구해준 그 남자는 나의 매형이다.

save 구해주다 | brother-in-law 매형

day 45 answers

예문 들여다보기 해석
1 나는 어제 나에게 전화한 그 남자의 이름을 찾을 수가 없었다. | 2 나는 어젯밤에 나에게 돌을 던진 소년을 찾고 있다. | 3 3일 전에 내가 받은 그 서류를 도난당했다.

작문 따라잡기 해석
1 I know the boy who is playing alone in the backyard. | 2 We met a Korean who lives in Alaska. | 3 A man who looks like a detective came up to her. | 4 The child who was injured at the traffic accident is now in the hospital. | 5 The man who saved you is my brother-in-law.

목적격 관계대명사 구문

The applicant (whom) you ignored at the interview is very smart.
네가 면접 때 무시해버린 그 지원자는 매우 똑똑하다.

선행사 + whom + 주어 + 동사 ... (선행사가 사람일 경우)
선행사 + which + 주어 + 동사 ... (선행사가 사물 또는 동물일 경우)

- 선행사가 관계대명사절의 목적어일 때는 위와 같이 목적격 관계대명사를 쓴다. 단, 목적격 관계대명사는 흔히 생략하는 편이다.
- 선행사가 사람이면 목적격 관계대명사로 whom(who)이 오며, 사물일 경우 which가 쓰인다. 단, 관계대명사 that은 어떤 형태의 선행사가 와도 쓰일 수 있다.

| 예제 | 내 아내가 사고 싶어 하는 그 코트는 2,000 달러짜리다.

STEP 1 The coat (which) my wife wants to buy
→ 관계대명사 which를 이용한 완전한 주어를 만든다. (관계시절 안에서도 항상 "주어 + 동사" 어순을 기억한다.)

STEP 2 The coat (which) my wife wants to buy **costs** → 동사까지 완성한다.

STEP 3 The coat (which) my wife wants to buy costs **2,000 dollars**.
→ 나머지 문장요소(보어)를 완성한다.

↳ 완성된 문장 _ **The coat which my wife wants to buy costs 2,000 dollars.**

예문 들여다보기

1. The child **(whom) the couple** are looking for wears a blue T-shirt.
2. The old watch **(which) Tom threw away a few days ago** is his grandfather's.
3. She is not the girl **(whom) I met** in the park yesterday.

1 네가 방금 전에 본 그 여자는 Tom Hanks의 부인이다.

right before 방금 전

2 Susan이 키우는 그 아이는 니의 친아들이다.

bring up ~를 키우다 | real son 친 아들

3 Tony가 돌봐주는 그 노인은 전에 백만장자였다.

look after 돌보다 | millionaire 백만장자

4 이것이 Nancy가 나에게 빌려준 그 책이다.

lend(빌려주다) lent-lent

5 그 남자가 네가 잃어버린 그 목걸이를 가지고 있다.

necklace 목걸이 | lose(잃어버리다)-lost-lost
cf. 목걸이를 잃어버린 행위는 현재에도 영향을 주므로 현재완료(have p.p.)로 써야 한다.

day 46 answers

예문 들여다보기 해석
1 그 부부가 찾고 있는 아이는 파란 티셔츠를 입었다. | 2 Tom이 며칠 전에 버린 그 오래된 시계는 그의 할아버지 것이다. | 3 그녀는 내가 어제 공원에서 만난 그 소녀가 아니다.

작문 따라잡기 해석
1 The woman (whom) you saw right before is Tom Hanks' wife. | 2 The child (whom) Susan brings up is your real son. | 3 The old man (whom) Tony looks after was a millionaire before. | 4 This is the book (which) Nancy lent me. | 5 The man has the necklace (which) you have lost.

소유격 관계대명사 구문

I live in a dormitory whose residents come from various countries.
나는 다양한 나라로부터 온 이들이 거주하는 기숙사에 산다.

선행사 + whose + 명사 + (주어) + 동사 …

- 소유격 관계대명사 whose는 항상 뒤에 명사를 취하며, 선행사가 사람, 사물, 동물일 때 모두 쓰일 수 있다.
- 관계대명사 whose절은 일반적으로 "자신의 ~가 ….한"이라는 의미로 해석된다. 예문을 통해 그 의미와 쓰임을 잘 파악하여 작문에 도전해보자.
- 선행사가 사물[동물]일 때는 whose 대신 of which를 쓰기도 한다. 단 of which 뒤에 오는 명사는 관사 등을 붙여 완전한 주어형태를 취해야 한다(예문3번 참조).

| 예제 | 그녀는 그 가치를 값으로 매길 수 없는 그림을 가지고 있다.

STEP 1 She has → 「주어 + 동사」를 만든다.
STEP 2 She has a painting → 동사 다음의 문장요소(목적어)를 넣는다.
STEP 3 She has a painting whose value is priceless.
→ a painting을 꾸며주는 관계사절을 완성한다.

↳ 완성된 문장 _ **She has a painting whose value is priceless.**

예문 들여다보기

1. He teaches a class for students **whose native language** is not Korean.
2. He apologized to the woman **whose coffee he spilled**.
3. The following is a list of animals **whose names appear** in the Bible.
   = The following is a list of animals **of which the names appear** in the Bible.

1 우리는 아버지가 우주비행사인 그 소년을 안다.

astronaut 우주비행사

2 그녀는 부인이 죽고 없는 그 소설가를 사랑한다.

novelist 소설가 | dead 죽은(죽고 없는)

3 Jessica는 가족이 아프리카에 산다는 그 남자와 결혼할 것이다.

get married with ~와 결혼하다 | Africa 아프리카

4 우리는 꼭대기가 눈으로 덮여 있는 그 산을 오를 것이다.

climb 오르다 | top 꼭대기 | be covered with ~로 덮여 있다

5 우리는 범퍼가 찌그러진 그 차를 보았다.

bumper 범퍼 | crushed 찌그러진

---

day 47 answers

예문 들여다보기 해석
1 그는 한국어가 모국어가 아닌 학생들을 위한 반을 지도한다. | **2** 그는 그 여자의 커피를 엎지르는 바람에 그 여자에게 사과했다. | **3** 다음은 성경에 그 이름이 나오는 동물 목록이다.

작문 따라잡기 해석
1 We know the boy whose father is an astronaut. | **2** She loves the novelist whose wife is dead. | **3** Jessica will get married with the man whose family live in Africa. | **4** We will climb the mountain whose top is covered with snow. | **5** We saw the car whose bumper was crushed.

관계사 what을 이용한 구문

This is what I found out in his mansion.
이것이 내가 그의 저택에서 발견한 것이다.

what + (주어) + 동사 ... : ~하는 것

- 관계대명사 what은 자체에 선행사를 이미 포함하고 있어서 다른 관계사와는 달리 앞에 선행사가 없다.
- 형용사절이 아닌 명사절을 이끌기 때문에 주로 "~하는 것"으로 해석되며, 주격과 목적격으로만 사용된다. 예문을 통해 그 쓰임새를 잘 파악하여 작문에 활용해보자.

| 예제 | 그 인디언이 말한 것은 모두 사실이다.

> **STEP 1** What the Indian said → what을 이용한 주어를 완성한다.
> **STEP 2** What the Indian said **is** → 동사까지 완성한다.
> **STEP 3** What the Indian said is **all true**.
> → 동사 다음의 문장요소(보어)를 완성한다.

| 완성된 문장 _ **What the Indian said is all true.**

예문 들여다보기

1. Show me **what is in your pocket** right now.
2. **What is important** is not **what he has** but **what he is**.
3. **What this child needs** is our attention and care.

1 네가 그 사고에서 본 것을 내게 말해다오.

at the accident 그 사고에서

2 내가 지금 원하는 것은 너의 조언이다.

advice 조언

3 우리는 그녀가 말하는 것을 믿지 않는다.

believe 믿다

4 그녀가 내게 남긴 것은 깊은 상처뿐이다.

leave 남기다 | a wound 상처

5 당신은 당신이 가진 것에 만족을 해야 한다.

be satisfied with ~에 만족하다

day 48 answers

예문 들여다보기 해석
1 네 주머니에 있는 것을 당장 나에게 보여다오. | 2 중요한 것은 그의 재산이 아니라 그의 사람됨이다. | 3 그 아이가 필요로 하는 것은 우리의 관심과 보살핌이다.

작문 따라잡기 해석
1 Tell me what you saw at the accident. | 2 What I want now is your advice. | 3 We don't believe what she says. | 4 What she left me is a deep wound. | 5 You should be satisfied with what you have.

관계대명사의 계속적 용법

There were tree passengers, who escaped without a serious injury.
세 명의 승객이 있었는데, 그들은 심각한 부상 없이 탈출했다.

~, 관계대명사 ... : ~ 하는데, 그것[그/그녀]은 …하다

- 관계내명사 앞에 쉼표(,)가 오면 그 관계대명사는 선행사를 수식하는 동시에 그것에 대하여 설명을 해주는 역할을 한다.
- 이때 쓰인 관계대명사는 「접속사 + 대명사」의 역할을 하므로, 의미를 이해할 때 예제와 같이 마치 접속사가 있는 것처럼 해석한다.
- 관계대명사의 생략이 불가능하며 that과 what이 관계대명사로 올 수 없다.

| 예제 | 나는 기자 한 명을 만났는데, 그가 내게 그 소식을 말해주었다.

STEP 1 I met a reporter, → 선행사까지 문장을 만든다.
STEP 2 I met a reporter, who → 쉼표 다음에 관계사를 넣는다.
STEP 3 I met a reporter, who **told me the news**.
→ 관계사절을 완성한다.(여기서는 주격 관계대명사이므로 뒤에 바로 동사가 온다.)

└ 완성된 문장 _ I met a reporter, who told me the news.

예문 들여다보기

1. He has found a new job, **which is really lucky**.
2. His novels, **which are all very long**, are not suitable for teaching materials. •• teaching materials 교재
3. He said he had seen me there, **which was a lie**.
   cf. 관계대명사 which가 계속적 용법으로 쓰일 때, 선행사는 단어 뿐 아니라 구, 절, 문장 전체가 될 수 있다.

1 그녀는 3명의 아들이 있었는데, 그들은 모두 나중에 외교관이 되었다.

become ~가 되다 | diplomat(ist) 외교관

2 우리는 한 농부를 만났는데, 그는 90살이 넘었다.

farmer 농부 | over ninety 90살이 넘은

3 그녀는 Louis Vuitton 가방을 샀는데, 그것은 가짜였다.

bag 가방 | fake 모조품

4 그녀는 나를 항상 무시하는데, 그것이 나를 화나게 만든다.

ignore ~를 무시하다 | make ~ angry ~를 화나게 하다

5 그들은 그녀를 설득하려고 노력했지만, 그것은 무의미했다.

try to ~ ~하려고 노력하다 | persuade ~를 설득하다 | useless 무의미한

day 49 answers

예문 들여다보기 해석
1 그는 새로운 일자리를 찾았는데, 그것은 정말 행운이다. | 2 그의 소설들은 모두가 아주 장편인데, 교재로는 적합하지 않다. | 3 그는 나를 거기에서 봤다고 말했는데, 그것은 거짓말이었다.

작문 따라잡기 해석
1 She had three sons, who became all diplomats later. | 2 We met a farmer, who was over ninety. | 3 She bought a Louis Vuitton bag, which was a fake. | 4 She always ignores me, which makes me angry. | 5 They tried to persuade her, which was useless.

DAY 50 복합관계대명사

Whoever comes first will get the best seat.
맨 먼저 오는 사람은 누구든지 가장 좋은 자리를 얻게 된다.

> Whoever : ~하는 사람은 누구든지, 누가 ~할지라도
> Whichever : ~하는 어느 것이든지, 어느 것을 ~할지라도
> Whatever : ~하는 것은 무엇이든지, 무엇을 ~ 할지라도

- 복합관계대명사는 말 그대로 관계대명사 who, which, what과 ever가 합쳐져서 만들어진 형태이다.
- 자체적으로 선행사를 포함하고 있어서 문장에서 주어, 목적어 등으로 쓰이며 용법에 따라 명사절, 부사절도 이끈다. "~할지라도"라는 양보의 의미를 포함할 때는 동시에 may가 쓰이는 것이 일반적이다.

| 예제 | 그 영화를 보는 사람은 누구든지 주연배우를 비웃을 것이다.

STEP 1 Whoever sees the film
→ 완전한 주어(whoever절)를 먼저 만든다.
STEP 2 Whoever sees the film **will laugh at** → 동사(구)까지 완성한다.
STEP 3 Whoever sees the film will laugh at **the leading actor**.
→ 동사 다음의 문장 요소(목적어)를 완성한다.

└ 완성된 문장 _ Whoever sees the film will laugh at the leading actor.

예문 들여다보기

1. **Whoever attends this class** will be welcomed. (명사절)
2. **Whoever may call after you**, you must not look back. (부사절)
3. My boyfriend will buy **whichever I like**. (명사절)
4. **Whatever you may ask**, I will not go with you. (부사절)

*복합관계부사절에 may가 쓰이면 양보(~할지라도)의 의미를 나타낸다.

1 네가 가진 게 무엇이든 지금부터는 나의 것이다.

_____

from now on 지금부터

2 그녀는 네가 초대하는 사람은 누구든지 재수 없을 거라고 생각한다.

_____

invite ~를 초대하다 | disgusting 역겨운(재수 없는)

3 우리 회사는 당신이 만든 게 무엇이든 구매할 것이다.

_____

purchase 구매하다

4 그녀가 무슨 말을 할지라도 나는 그 클럽에 가입하지 않을 것이다. (may 사용)

_____

join ~에 가입하다

5 그가 당신에게 어느 것을 줄지라도, 당신은 기뻐하는 척해야 합니다. (may 사용)

_____

pretend to~ ~하는 척하다 | be pleased 기뻐하다

---

day 50 answers

예문 들여다보기 해석
1 이 수업에 참여하는 누구든지 환영이다. | 2 누가 네 뒤에서 부르더라도 너는 결코 뒤돌아봐선 안 된다. | 3 나의 남자친구는 내가 좋아하는 무엇이든 사줄 거야. | 4 네가 무엇을 요구하더라도 나는 너와 함께하지 않을 것이다.

작문 따라잡기 해석
1 Whatever you have is mine from now on. | 2 She thinks whomever you invite will be disgusting. | 3 Our company will purchase whatever you make. | 4 Whatever she may say, I will not join the club. | 5 Whichever he may give you, you have to pretend to be pleased.

복합관계부사

However hard you may try, you cannot complete it.
너는 아무리 열심히 노력해도 그것을 완성할 수 없다.

whenever ~ : ~할 때마다, 언제 ~ 할지라도
wherever ~ : ~하는 어디든지, 어디에 ~할지라도
however + 형용사/부사 ~ : 아무리 ~ 할지라도

- 복합관계부사는 when, where, how와 ever가 합쳐져서 만들어진 형태이다.
- 자체적으로 선행사를 포함하고 있으며, 문장에서 시간, 장소, 방법을 나타내는 부사절을 유도한다. "~할지라도"라는 양보의 의미를 포함할 때는 동사에 may가 쓰이는 것이 일반적이다.
- 그밖에 whichever, whatever 등이 명사 바로 앞에 쓰여 복합관계형용사로 쓰이기도 한다.

| 예제 | 나는 어려움이 있을 때마다 나의 삼촌에게 자문을 구한다.

STEP 1 Whenever I am → whenever 절의 '주어 + 동사'를 구성한다.

STEP 2 Whenever I am **in trouble**, → 동사 다음의 요소(선시사구)를 완성한다.

STEP 3 Whenever I am in trouble, **I consult my uncle**.
→ 나머지 절(주절)도 '주어 + 동사' 어순으로 문장을 완성한다.

↳ 완성된 문장 _ Whenever I am in trouble, I consult my uncle.

예문 들여다보기

1. **Whenever she goes to a party**, she always wears a miniskirt.
2. **Wherever I go**, I always carry this digital camera with me.
3. **However clever he may be**, he cannot solve this problem without my help.
4. I will enjoy the game comfortably **whichever side wins**. (복합관계형용사)
5. You must go on **whatever difficulties come up**. (복합관계형용사)

1 그는 나를 방문할 때마다, 나에게 튤립 하나를 준다.

_____

visit ~를 방문하다 | tulip 튤립

2 엄마는 Ted를 볼 때마다, 나를 그와 비교한다.

_____

compare A with B A와 B를 비교하다

3 내가 어디를 가더라도, 마피아가 나를 찾아낼 것이다. (may 사용)

_____

the Mafia 마피아 | find me out 나를 찾아내다

4 그것이 아무리 어려울지라도, 나는 그것을 스스로 끝낼 것이다. (will 사용)

_____

difficult 어려운 | for oneself 스스로

5 그 차가 아무리 비쌀지라도, 나는 그것을 사기로 결심했다. (may 사용)

_____

expensive 비싼 | decide 결심하다

---

day 51 answers

예문 들여다보기 해석
1 그녀는 파티에 갈 때마다 항상 미니스커트를 입는다. | 2 나는 어딜 가든지 항상 이 디지털 카메라를 지니고 다닌다. | 3 그가 아무리 영리할지라도 나의 도움 없이는 이 문제를 풀 수 없다. | 4 나는 어느 편이 이기든지 편안하게 경기를 즐길 것이다. | 5 너는 무슨 어려움이 닥치더라도 계속 진행해 나가야 한다.

작문 따라잡기 해석
1 Whenever he visits me, he gives me a tulip. | 2 Whenever mom sees Ted, she compares me with him. | 3 Wherever I may go, the Mafia will find me out. | 4 However difficult it is, I will finish it for myself. | 5 However expensive the car may cost, I decided to buy it.

CHAPTER 06

부정어구를 포함하는 구문

DAY 52 few ~ / little ~

There were few passengers in the train.
기차 안에 승객이 거의 없었다.

작문 포인트

> few + 셀 수 있는 복수명사 : ~가 거의 없는
> little + 셀 수 없는 명사 : ~가 거의 없는

- 수량형용사로 few는 셀 수 있는 명사와 함께 쓰이며, little은 셀 수 없는 명사와 함께 사용된다.
- 아래와 같이 few와 little 앞에 부정관사 a가 붙으면 "약간의, 어느 정도"이라는 긍정적 의미로 사용되지만 a가 없이 쓰이면 "거의 없는"이라는 부정어구로 여긴다.

  few: 거의 없는 (부정적인 느낌)   little : 거의 없는 (부정적인 느낌)
  a few: 약간의 (긍정적인 느낌)   a little : 약간의 (긍정적인 느낌)

| 예제 | 그들 사이에는 차이가 거의 없다.

- **STEP 1** There is → 유도부사 "There is(~가 있다)"를 먼저 넣는다.
- **STEP 2** There is **little difference** → 주어(거의 없는 차이)를 넣는다.
- **STEP 3** There is little difference **between them**.
  → 마지막 문장요소(부사구)를 완성한다.

↳ 완성된 문장 _ **There is little difference between them.**

예문 들여다보기

1. **Few children** prefer studying to playing.
   ** prefer A to B   B보다 A를 선호하다
2. She has **a few friends** in this town.
3. The movie made **little impression** on me.
4. I have **a little money** with me.

1 그는 Los Angeles에 친구가 거의 없다.

_____

have ~가 있다(가지고 있다)

2 Jane만큼 똑똑한 학생은 거의 없다.

_____

smart 똑똑한 | as ~ as ... 만큼 ~한

3 그 해변에는 모래가 거의 없다.

_____

There is ~ ~가 있다 | sand 모래 | beach 해변

4 나는 내 가방 안에 약간의 빵을 가지고 있다.

_____

bread 빵 | bag 가방

5 그가 어디에서 태어났는지를 아는 사람은 거의 없다.

_____

where he was born 그가 태어난 곳
※ 종속절 안에 들어가는 의문문은 항상 '의문사 + 주어 + 동사'의 어순을 취한다.

day 52 answers

예문 들여다보기 해석
1 놀기보다 공부를 좋아하는 아이들은 거의 없다. | 2 그녀는 이 마을에 몇 명의 친구가 있다. | 3 그 영화는 나에게 감동을 거의 주지 못했다. | 4 나는 수중에 약간의 돈이 있다.

작문 따라잡기 해석
1 He has few friends in Los Angeles. | 2 There are few students as smart as Jane. | 3 There is little sand on the beach. | 4 I have a little bread in my bag. | 5 Few people know where he was born.

DAY 53 never [not] ... without ~

The two guys never meet without quarreling.
그 두 사람은 만나기만 하면 꼭 싸운다.

작문 포인트

never[not] ... without ~ : ... 하기만 하면 반드시 ~하다

- 이 표현을 그대로 직역하면 "~ 없이는 결코 ...하지 않는다"라고 해석되듯이, without이라는 전치사를 사용하여 어떤 일을 할 때 반드시 동반되는 행위에 대하여 강조하기 위해 만들어진 표현이다.
- 전치사 without 다음에는 반드시 명사 또는 동명사(~ing)가 와야 한다.

| 예제 | 우리 엄마는 그 사진을 보기만 하면 반드시 눈물을 흘리신다.

STEP 1 My mom never sees → '주어 + 동사'를 구성한다.
STEP 2 My mom never sees the picture
→ 동사 다음의 문장요소(목적어)를 찾는다.
STEP 3 My mom never sees the picture **without weeping**.
→ 'without + ~ing'을 완성한다

↳ 완성된 문장 _ **My mom never sees the picture without weeping.**

예문 들여다보기

1. He **never** opens his mouth **without** boasting his son.
2. He **never** visits my place **without** bringing me some toys for my children.
3. She **never** drinks coffee **without** putting cream in it.

1 그녀는 Judy만 만나면 반드시 내 흉을 본다.

_____

speak ill of ~ ~의 흉을 보다

2 그들은 모이기만 하면 반드시 축구에 대하여 얘기한다.

_____

get together 모이다 | soccer 축구

3 Jenny는 외출하기만 하면 반드시 모자와 장갑을 착용한다.

_____

go out 외출하다 | wear 착용하다 | hat 모자 | glove 장갑

4 그녀는 그 가게 옆을 지나가기만 하면 반드시 재채기를 한다.

_____

pass by ~옆을 지나가다 | sneeze 재채기하다

5 그녀의 어린 딸은 기차만 타면 반드시 큰소리로 운다.

_____

little 어린 | take a train 기차를 타다 | loudly 큰소리로

---

day 53 answers

예문 들여다보기 해석
1 그는 입만 열면 아들 자랑을 한다. | 2 그는 우리 집에 방문만 하면 꼭 우리 아이들을 위해 장난감을 가져다준다. | 3 그녀는 커피를 마실 때 반드시 크림을 넣는다.

작문 따라잡기 해석
1 She never meets Judy without speaking ill of me. | 2 They never get together without talking about soccer. | 3 Jenny never goes out without wearing a hat and gloves. | 4 She never passes by the store without sneezing. | 5 Her little daughter never takes a train without crying loudly.

DAY 54 far from ~

The New Deal policy is **far from** what we need right now.
뉴딜정책은 우리가 당장 필요로 하는 **것과는 거리가 멀다**.

far from ~ : 전혀 ~이 아닌(~와는 거리가 먼)

- 단순한 부정보다 더 강한 어조로 "전혀 아니다"라는 의미를 전달할 때 사용된다.
- 문장 맨 앞에 쓰이면 우리말로 "~이기는 커녕"으로 해석하는 것이 자연스럽다.

| 예제 | Ted는 자상한 남편과는 거리가 멀다.

　　　STEP 1　Ted is → '주어 + 동사'를 구성한다.
　　　STEP 2　Ted is **far from** → 동사 다음의 문장요소를 넣는다.(여기서는 far from)
　　　STEP 3　Ted is far from **an attentive husband**.
　　　　　　　→ 전치사 from의 목적어를 완성한다.

└→ 완성된 문장 _ **Ted is far from an attentive husband.**

예문 들여다보기

1. She is **far from** a beauty. She is rather scary.
2. It was **far from** my true intention.
3. **Far from** doing any good, this book does harm.

1 그의 아이디어는 현실과는 거리가 멀다.

_____

reality 현실

2 그가 말한 것은 사실과 거리가 멀다.

_____

what ~ ~한 것 | truth 사실

3 그의 영화들은 성공과는 거리가 멀다.

_____

film 영화 | success 성공

4 돈을 저축하기는커녕, 그는 생활하기도 어렵다.

_____

save money 돈을 저축하다 | hardly make one's living 생활이 어렵다

5 열심히 공부하기는커녕, 그는 심지어 책을 펴보지도 않았다.

_____

even 심지어 | open the book 책을 펴다

day 54 answers

예문 들여다보기 해석
1 그녀는 미인과는 거리가 멀다. 오히려 공포다. | 2 내 본 의도와는 거리가 멀었다. | 3 이 책은 이롭기는커녕 아주 해롭다.

작문 따라잡기 해석
1 His idea is far from reality. | 2. What he said is far from the truth. | 3 His films are far from a success. | 4 Far from saving money, he hardly makes his living. | 5 Far from studying hard, he did not even open the book.

137

DAY 55 free from ~

Do you think president can make us **free from** poverty?
당신은 대통령이 우리를 빈곤**으로부터 벗어나게** 해줄 수 있다고 생각하십니까?

free from ~ : ~ 이 없는, ~의 염려가 없는

- "~ 부터 벗어난" 또는 "~가 없는"이라는 의미의 표현으로서 명사나 동사 뒤에서 꾸며주는 역할을 한다.
- 여기에서 from은 전치사이므로 뒤에 명사 또는 동명사(~ing) 등이 와야 한다.

| 예제 | 나는 전쟁이 없는 세상에 살고 싶다.

STEP 1 I want ➜ '주어 + 동사'를 구성한다.
STEP 2 I want **to live in a world** ➜ 동사 다음의 문장요소(목적어)를 만든다.
STEP 3 I want to live in a world **free from a war**.
　　　　　➜ a world를 꾸며주는 어구를 완성한다.

┗ 완성된 문장 _ I want to live in a world free from a war.

예문 들여다보기

1. The city is **free from** air pollution.
2. A judge must be **free from** prejudice.
3. He wanted to be **free from** the bondage of social conventions.

•• bondage 속박 •• social conventions 사회적 관습

1 너는 이 약으로 통증으로부터 벗어날 수 있다.

free from pain 통증으로부터 벗어난 | medicine 약

2 튤립은 식물 기생충에 의한 공격을 받을 염려가 없다.

tulip 튤립 | attack by ~에 의한 공격 | garden pest 식물기생충

3 그 공주는 그 사악한 마녀로부터 벗어나고 싶었다.

evil witch 사악한 마녀

4 나는 사회적 편견이 없는 사회에서 살고 싶다.

society 사회 | social injustice 사회적 편견

5 그들의 목표는 범죄 없는 도시를 건설하는 것이다.

goal 목표 | build 건설하다 | crime 범죄

---

day 55 answers

예문 들여다보기 해석
1 그 도시는 대기가 오염되지 않았다. | 2 재판관은 편견이 없어야 한다. | 3 그는 사회적 관습의 속박으로부터 해방되고 싶었다.

작문 따라잡기 해석
1 You can be free from pain with this medicine. | 2 Tulips are free from an attack by garden pests. | 3 The princess wanted to be free from that evil witch. | 4 I want to live in a society free from social prejudice. | 5 Their goal is to build a city free from crimes.

139

DAY 56 anything but ~ / nothing but ~

He never wants to watch **anything but** the sports channels.
그는 스포츠 채널들 외에는 어떠한 것도 보려하지 않는다.

anything but ~ : ~은 결코 아닌, ~ 외에는 무엇이든
nothing but ~ : 단지 ~일 뿐인, ~에 지나지 않는

- 전치사 but은 "~을 제외하고"의 뜻이 있으므로, 'anything but ~'은 "어떤 것도 가능성이 있지만 ~만큼은 아니다"라는 의미를 강조한 표현이다.
- "nothing but ~"의 경우는 반대로 "~를 제외하고는 아무것도 아니다"라는 의미를 강조한 표현이다.

| 예제 | 네가 어제 도와준 그 남자는 단지 사기꾼일 뿐이다.

STEP 1 The man (whom) you helped yesterday
→ 주어(관계대명사절)를 만든다.

STEP 2 The man you helped yesterday is → 동사까지 완성한다.

STEP 3 The man you helped yesterday is **nothing but a fraud**.
→ 동사 다음의 문장요소인 보어(단지 ~일 뿐인)를 완성한다.

┗ 완성된 문장 _ The man you helped yesterday is nothing but a fraud.

예문 들여다보기

1. He is **anything but** a traditional handsome guy.
2. He never thinks of **anything but** his own convenience.
3. I have done **nothing but** my duty.
4. For miles and miles, there was **nothing but** sand.

1 그는 결코 학자는 아니다.

scholar 학자

2 그녀는 물 외에는 어떠한 것도 마시지 않았다.

drink (마시다) - drank - drunk

3 선원들은 매일 단지 바닷물만 보았을 뿐이다.

sailor 선원 | sea water 바닷물

4 다이아몬드는 단지 석탄의 일종일 뿐이다.

a kind of ~의 일종 | coal 석탄

5 그는 단지 전설적 인물일 뿐이다.

legendary person 전설적 인물

---

day 56 answers

예문 들여다보기 해석
1 그는 전통적인 미남형은 결코 아니다. | 2 그는 항상 자기 자신의 편의 외에는 어떤 것도 생각하지 않는다. | 3 나는 다만 내 의무를 다 했을 뿐이다. | 4 몇 마일을 가도, 단지 모래만 있을 뿐이었다.

작문 따라잡기 해석
1 He is anything but a scholar. | 2 She never drank(didn't drink) anything but water. | 3 The sailors saw nothing but sea water every day. | 4 Diamond is nothing but a kind of coal. | 5 He is nothing but a legendary person.

DAY 57 not A but B

It is **not** me **but** you who are to blame.
책임져야 할 사람은 내가 아니라 바로 너다.

not A but B : A가 아니라 B이다

- A와 B 자리에는 여러 형태의 어구 또는 품사가 올 수 있으나, 한 문장에서는 반드시 A와 B 자리에 동일한 성질과 품사의 표현이 와야 한다.
- 이 표현은 아래의 예제에서와 같이 특히 'it is ~ that ...' 강조 구문에 많이 사용되므로 본 교재의 3장에서 다루고 있는 내용을 잘 이해한 후 작문에 활용한다.

| 예제 | 그들의 생산성을 증대시킬 수 있는 것은 질책이 아니라 칭찬이다.

STEP 1 It is not criticism but praise
→ '주어 + 동사 + 보어'를 완성한다. (여기서는 it is ~ that 강조구문을 사용하므로 "It is+보어" 형태가 된다)

STEP 2 It is not criticism but praise **that can increase their productivity**.
→ 진주어인 that절을 완성한다.(여기서는 주어가 that 앞에 강조할 내용으로 들어갔으므로 that 다음에 동사부터 시작된다.)

└ 완성된 문장 _ It is not criticism but praise that can increase their productivity.

예문 들여다보기

1. Love is **not** a visible thing **but** a sensible thing.
2. It is **not** cheap price **but** high quality that we look for.
3. My present job was **not** by choice **but** by necessity.

1. 그녀는 소심한 게 아니라 조심스러운 것이다.

coward 소심한 | careful 조심성 있는

2. 그 벽은 흰색이 아니라 다소 칙칙한 잿빛이었다.

a sort of 다소 | dirty grey 칙칙한 잿빛

3. 정확히 말하자면, 그것은 괴물이 아니라 한 사람의 그림자였다.

to be exact 정확히 말하면 | monster 괴물 | shadow 그림자

4. 내가 어제 Queens Park에서 만난 사람은 그녀가 아니라 그녀의 여동생이었다.

5. 그녀를 미워한 사람은 내가 아니라 그의 매니저이다.

hate 미워하다

day 51 answers

예문 들여다보기 해석
1 사랑은 눈에 보이는 것이 아니라 느끼는 거예요. | **2** 우리가 찾는 건 싼 가격이 아니고 좋은 품질이다. | **3** 나의 현재 직업은 좋아서가 아니라 필요에 의해서였다.

작문 따라잡기 해석
1 She is not coward but careful. | **2** The walls were not white but a sort of dirty grey. | **3** To be exact, it was not a monster but the shadow of a man. | **4** It was not her but her sister that I met at Queens park yesterday. | **5** It was not me but his manager that(who) hated her.

DAY 58 not so much A as B

He is **not so much** a scholar **as** a writer.
그는 학자라기보다는 작가이다.

not so much A as B : A 라기보다는 B

- A와 B 자리에는 형용사 또는 명사가 올 수 있으나, 한 문장에서는 반드시 A와 B 자리에 동일한 성질과 품사의 표현이 와야 한다.

| 예제 | 그것은 사랑이라기보다는 동정심이었다.

STEP 1 It was → '주어 + 동사'를 먼저 만든다
STEP 2 It was **not so much** love **as** a sympathetic feeling.
→ 동사 다음의 문장요소를 완성한다. (여기서는 not so much A as B~)

↳ 완성된 문장 _ It was not so much love as a sympathetic feeling.

예문 들여다보기

1. She's **not so much** poor **as** careless with money.
2. It is said that the Internet is **not so much** a new technology **as** a new medium.
3. For me, writing is **not so much** a hobby **as** a career.

1 그는 수학자라기보다는 철학자였다.

mathematician 수학자 | philosopher 철학자

2 우리가 원하는 것은 심오한 지식이라기보다는 빠른 정보이다.

what ~ ~하는 것 | profound knowledge 심오한 지식 | quick information 빠른 정보

3 그의 계획은 야심차기보다는 평범하다.

ambitious 야심찬 | plain 평범한

4 그 그림문자는 하나의 언어라기보다는 상징들이다.

picture writing 그림문자 | language 언어 | symbol 상징

5 그 부족은 호전적이기보다는 잔인했다.

tribe 부족 | warlike 호전적인 | cruel 잔인한

day 58 answers

예문 들여다보기 해석
1 그녀는 가난하다기 보다 돈에 부주의하다. | 2 인터넷은 신기술이라기보다는 새로운 매체라고들 한다. | 3 나에게 글쓰기는 취미라기보다는 직업이다.

작문 따라잡기 해석
1 He was not so much a mathematician as a philosopher. | 2 What we want is not so much profound knowledge as quick information. | 3 His plan is not so much ambitious as plain. | 4 The picture writing is not so much a language as symbols. | 5 The tribe was not so much warlike as cruel.

CHAPTER 07

대명사 구문

DAY 59 Either A or B

You can **either** email **or** phone us to order the book.
그 책을 주문하시려면 저희에게 **이메일을 보내거나 전화를** 주시면 됩니다.

Either A or B : A 또는 B 둘 중 하나

- 긍정문에서는 「둘 중 하나」의 의미를 가지며, not 등이 들어간 부정문에서는 「둘 중 어느 쪽도…(않다)」의 의미로 쓰인다.
- A와 B 자리에는 다양한 형태의 표현이 올 수 있으나, 한 문장에서는 반드시 A와 B 자리에 동일한 성질과 품사의 표현이 와야 한다.

| 예제 | Amy 또는 Dorothy 둘 중 한명은 그 큰 실수에 대하여 책임져야 한다.

> **STEP 1** **Either Amy or Dorothy** → 완전한 주어를 만든다.
> **STEP 2** Either Amy or Dorothy **should be** → 동사를 만든다.
> **STEP 3** Either Amy or Dorothy should be **responsible for the big mistake.** → 나머지 문장요소를 완성한다. (여기서는 보어+전치사구)

↳ 완성된 문장 _ Either Amy or Dorothy should be responsible for the mistake.

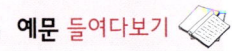
예문 들여다보기

1. Most of us go abroad **either** on business **or** for pleasure
2. **Either** your camera was out of focus **or** you shook it when pressing the shutter.
3. He didn't work **either** for his wealth **or** for his fame.

1 너는 그것을 볼펜 또는 연필 둘 중 하나로 써도 좋다.

_____

may ~ ~해도 좋다 | ball-point (pen) 볼펜

2 너와 나 둘 중 한 명은 일요일 날 그 모임에 참석해야 한다.

_____

attend ~에 참석하다

3 나의 사무실로 또는 저녁에 나의 집으로 연락주세요.

_____

contact ~에게 연락하다 | at one's office ~의 사무실로 | at one's home ~의 집으로

4 다음 경기는 토요일 또는 일요일에 개최될 것이다.

_____

next 다음의 | be held 개최되다

5 Mike 또는 나 둘 중 한 명은 공항에서 그녀를 데려와야 하다.

_____

pick her up 그녀를 데려오다 | airport 공항

---

day 59 answers

예문 들여다보기 해석
1 우리 대부분은 사업상 또는 여가를 위해 해외로 나간다. | **2** 카메라 초점이 맞지 않았거나 셔터를 누를 때 카메라가 흔들렸다. | **3** 그는 재산이나 명성 어느 쪽을 위해서도 일하지 않았다

작문 따라잡기 해석
1 You may write it either with a ball-point or with a pencil. | **2** Either you or I should attend the meeting on Sunday. | **3** (Please) contact either at my office or at my home in the evening. | **4** The next game will be held either on Saturday or on Sunday. | **5** Either Mike or I have to pick her up at the airport.

Neither A nor B

Neither you **nor** I should be late for the conference.
너와 나 둘 다 그 회의에 늦으면 안 된다.

neither A nor B : A도 아니고 B도 아닌

- "not either A or B"와 같은 의미를 가진다.
- A와 B 자리에는 다양한 형태의 표현이 올 수 있으나, 한 문장에서는 반드시 A와 B 자리에 동일한 성질과 품사의 표현이 와야 한다.

| 예제 | Jason과 Jack은 둘 다 진정한 예술가가 아니다.

STEP 1 Neither Jason nor Jack ➡ 완전한 주어를 만든다.
STEP 2 Neither Jason nor Jack **is**
　　　　➡ 동사를 만든다.(동사는 나중에 해석되는 주어에 맞추어진다.)
STEP 3 Neither Jason nor Jack is **a real artist**.
　　　　➡ 나머지 문장요소를 완성한다. (여기서는 보어)

└ 완성된 문장 _ **Neither Jason nor Jack is a real artist.**

예문 들여다보기

1. I **neither** know **nor** care what happened to him.
2. The poem is **neither** realistic **nor** humorous.
3. I have **neither** the time **nor** the patience to listen to her complaints.

작문 따라잡기

1. TV도 비디오도 제대로 작동을 하지 않았다.

   video 비디오 | work properly 제대로 작동하다

2. 나도 나의 아내도 그 사고에 대한 책임이 없다.

   be responsible for ~에 책임이 있다

3. Tommy는 의사도 변호사도 되고 싶지 않다.

   doctor 의사 | lawyer 변호사

4. 그 카우보이는 읽지도 쓰지도 못했다.

   cowboy 카우보이

5. 그의 가족들은 꿈도 희망도 가지고 있지 않았다.

   hope 희망

---

day 60 answers

예문 들여다보기 해석
1. 난 그에게 무슨 일이 있었는지 알지도 못하고 관심도 없다. | 2. 그 시는 사실적이지도 않고 해학적이지도 않다. | 3. 나는 그녀의 불평을 들어 줄 시간도 인내심도 없다.

작문 따라잡기 해석
1. Neither the TV nor the video worked properly. | 2. Neither I nor my wife is responsible for the accident. | 3. Tommy wants to be neither a doctor nor a lawyer. | 4. The cowboy could neither read nor write. | 5. His family had neither a dream nor a hope.

Both A and B

Nepal has frontiers with both India and China.
네팔은 **인도와 중국 둘 다**와 국경에 접해 있다.

Both A and B : A와 B 둘 다

- 한 문장에서는 반드시 A와 B 자리에 동일한 형태의 표현이 와야 한다.

| 예제 | 개구리들은 물속과 땅 위 양쪽에서 살 수 있다.

STEP 1 Frogs can live ➡ '주어 + 동사'를 만든다.

STEP 2 Frogs can live **both in water and on land**.
   ➡ 동사 다음의 문장요소를 완성한다.

↳ 완성된 문장 _ **Frogs can live both in water and on land.**

1. My new clothes' price includes **both** the dress **and** the case.
2. Our intervention makes sense **both** politically **and** militarily.
3. My wife and I have shared **both** joys **and** sorrows for a long time.

작문 따라잡기

1. 영문법은 원어민과 외국인 학습자 둘 다 어렵다.

   _____

   English grammar 영문법 | native speakers 원어민 | foreign learners 외국인 학습자

2. 그는 유능한 행정가이자 능숙한 군 지도자였다.

   _____

   able administrator 유능한 행정가 | skilled military leader 능숙한 군 지도자

3. 이 사회에서는, 남자들과 여자들 모두 다 경쟁식이다.

   _____

   society 사회 | competitive 경쟁적인

4. Amy와 Patty 둘 다 다이어트를 시작했다.

   _____

   go on a diet 다이어트를 하다

5. 당신은 규칙적인 운동과 행동교정 둘 다 필요합니다.

   _____

   regular exercise 규칙적인 운동 | behavior modification 행동 교정

---

day 61 answers

예문 들여다보기 해석
1 내가 새로 산 옷 가격엔 그 옷과 케이스 가격이 둘 다 포함되어 있다. | 2 우리의 개입은 정치적으로나 군사적으로 둘 다 이치에 맞는 일이었다. | 3 내 아내와 나는 오랫동안 고락을 함께 해왔다.

작문 따라잡기 해석
1 English grammar is difficult for both native speakers and foreign learners. | 2 He was both an able administrator and a skilled military leader. | 3 In this society, both men and women are competitive. | 4 Both Amy and Patty have gone on a diet. | 5 You need both a regular exercise and a behavior modification.

DAY 62 one ~ and the other ...

There are two dogs in my house. **One** is black **and the other** is white.
우리 집에는 두 마리 개가 있다. **하나는** 까맣고 **다른 하나는** 하얗다.

작문 포인트

One ~ and the other ... : 하나는 ~ 이고 다른 하나는 … 이다

● 두 개 이상에서 대상을 하나씩 지칭할 때는 전체의 개수와 상관없이 첫 번째 것 하나를 가리킬 때는 one, 마지막 남은 하나를 나타낼 때는 the other를 쓴다

| 예제 | 나는 두 명의 죽마고우가 있다. 한 명은 변호사이고 다른 한 명은 의사이다.

STEP 1 One is a lawyer → '주어 + 동사 + 보어' 어순으로 첫 번째 절을 완성한다.

STEP 2 One is a lawyer **and the other (is) a doctor**.
→ 접속사 and 다음의 절도 '주어 + 동사 + 보어' 어순으로 완성한다. 단, 반복되는 동사는 생략이 가능하다.

완성된 문장 _ I have two childhood friends. One is a lawyer and the other is a doctor.

예문 들여다보기

1. He raised **one** hand first and then raised **the other**.
2. Write on **one** side of the page, and leave **the other** side blank.
3. There are two kinds of love in the world, **one** is a unselfish giving love and **the other** is a selfish taking love.

1 한 명은 유명한 영화배우고, 다른 한 명은 은행원입니다.

_____

banker 은행원

2 한 여자는 우산 장수와 결혼했고, 다른 한 여자는 구두 장수과 결혼했다.

_____

get married to ~와 결혼하다 | umbrella maker 우산 만드는 사람

3 한 남자는 경찰복을 입고 있고, 나른 남사는 소방관복을 입고 있습니다.

_____

police uniform 경찰복 | fireman uniform 소방관복

4 한 여성은 너무 뚱뚱하고, 나른 여성은 너무 말랐다.

_____

fat 뚱뚱한 | skinny 마른

5 하나는 산책하러 나갔고, 다른 한 명은 자고 있었다.

_____

go out for a walk 산책하러 나가다

---

day 66 answers

예문 들여다보기 해석
1 그가 한 손을 먼저 들고 나서 나머지 한 손도 들었다. | **2** 종이의 한 면에 글을 쓰고 다른 면은 비워 두세요. | **3** 세상에는 두 종류의 사랑이 있다, 하나는 이기적이지 않은 주는 사랑이고 다른 하나는 이기적으로 받기만 하는 사랑이다.

작문 따라잡기 해석
1 One is a famous movie star, and the other (is) a banker. | **2** One woman got married to an umbrella maker, and the other (got married) to a shoe maker. | **3** One man wears a police uniform, and the other (wears) a fireman uniform. | **4** One woman is so fat, and the other (is) so skinny. | **5** One went out for a walk, and the other was sleeping.

DAY 63 one ~, another ... and the other ~

Tom has three sisters. **One** is a doctor, **another** is a teacher **and the other** is a musician. Tom은 세 명의 누이가 있다. 한 명은 의사이고, 또 한 명은 선생님, 나머지 한 명은 음악가이다.

One ~ , another ... and the other ~ : 하나는 ~, 또 하나는~, 나머지 하나는~

- 세 개의 사물이나 사람을 설명하고자 할 때는, 각각 one ~, another~, the other~ 의 순서에 따라 나타낸다.

| 예제 | 우리 집에는 세 개의 숟가락이 있다. 하나는 테이블 위에, 또 하나는 방안에, 그리고 나머지 하나는 부엌에 있다.

STEP 1 One is on the table, → '주어 + 동사 ~' 어순으로 첫 번째 절을 완성한다.

STEP 2 One is on the table, **another is in the room**
→ 두 번째 절을 완성한다.

STEP 3 One is on the table, another is in the room, **and the other is in the kitchen.** → and 다음의 마지막 절을 완성한다.

↳ 완성된 문장 _ There are three spoons in my house. One is on the table, another is in the room, and the other is in the kitchen.

예문 들여다보기

1. There are three rooms in the house. **One** is mine, **another** is my sister's, and **the other** is my parents'.
2. I have three earings. **One** is a circle, **another** is a star, and **the other** is a square.
3. There are three-colored soaps. **One** is red, **another** is yellow, and **the other** is blue.

1 이 나라는 세 개의 공용어가 있다. 하나는 영어, 또 하나는 불어, 나머지 하나는 스페인어다.

---

official language 공용어 | French 불어 | Spanish 스페인어

2 아마존 강에서는 세 가지를 조심해야 한다. 하나는 벌레들, 다른 하나는 열사병, 나머지 하나는 폭우이다.

---

the Amazon 아마존 강 | be careful about ~에 대하여 조심하다 | heatstroke 열사병

3 Rebecca는 3명의 아들이 있다. 하나는 3살이고, 또 하나는 7살, 나머지 하나는 10살이다.

---

4 우리 가족을 위한 세 개의 키가 있다. 하나는 내 방 키고, 또 하나는 누이동생 방의 것이고 나머지 하나는 부모님 방의 것이다.

There are + 복수명사 ~가 있다 | parents 부모님

5 그 도둑은 세 명의 친구가 있다. 한 명은 소매치기이고, 또 다른 한 명은 은행 강도, 나머지 한 명은 사기꾼이다.

---

pickpocket 소매치기 | bank robber 은행강도 | swindler 사기꾼

answers

예문 들어다보기 해석
1 집에 방이 세 개가 있다. 하나는 내 방이고 또 하나는 누이동생 방이고 나머지 방은 부모님 것이다. | **2** 나에게 세 개의 귀걸이가 있다. 하나는 원, 다른 하나는 별, 나머지 하나는 네모이다. | **3** 세 가지 색깔의 비누가 있다. 하나는 빨간색이고, 다른 하나는 노란색이고, 세 번째 것은 파란색이다.

작문 따라잡기 해석
1 This country has three official languages. One is English, another is French, and the other is Spanish. | **2** You have to be careful about three things in the Amazon. One is bugs, another is a heatstroke, and the other is a heavy rain. | **3** Rebecca has three sons. One is a 3 years old, another is a 7, and the other is a 10. | **4** There are three keys for my family. One is for my room, another is for my sister's, and the other is for my parents'. | **5** The thief has three friends. One is a pickpocket, another is a bank robber and the other is a swindler.

재귀대명사의 관용적 표현 1

I set realistic goals to succeed for myself.
나는 혼자 힘으로 성공하기 위해 현실적인 목표들을 세웠다.

for oneself : 혼자 힘으로, 스스로
by oneself : 혼자서(= alone)
beside oneself : 제 정신이 아닌

- 재귀대명사란 소유격 또는 목적격 인칭대명사인 my, your, her, him 등에 "~자신"이라는 뜻의 self (복수-selves)를 붙여 만들어진 myself, yourself, himself, herself, ourselves, themselves 등을 말한다.
- 위와 같이 빈번하게 사용되는 [전치사 + 재귀대명사] 표현들을 꼭 일아두자.

| 예제 | 그는 스스로 일어서기 위해 나의 도움을 거절했다.

STEP 1 He rejected → '주어 + 동사'를 먼저 만든다.
STEP 2 He rejected **my help** → 동사 다음의 문장요소(목적어)를 넣는다.
STEP 3 He rejected my help **to stand up for himself**.
→ 나머지 부분(부사구)을 완성한다.

↳ 완성된 문장 _ He rejected my help to stand up for himself.

예문 들여다보기

1. He moved all the boxes to the room **for himself**.
2. She ate all the oranges **by herself**.
3. His wife was **beside herself** when she heard the news.

1 그녀는 결코 그녀의 문제를 스스로 해결하려 하지 않는다.

_____

never 결코 ~않는

2 너는 스스로 결정을 내려야 할 것이다.

_____

will have to ~해야 할 것이다 | make a decision 결정을 내리다

3 그 야수는 혼자서 그 성에 살고 있었다.

_____

beast 야수 | castle 성

4 그 아이는 혼자서 영어 알파벳을 익혔다.

_____

master 익히다 | alphabet 알파벳

5 저는 그 순간 제정신이 아니었습니다.

_____

at the moment 그 순간

---

day 64 answers

예문 들여다보기 해석
1 그는 혼자 힘으로 그 모든 박스들을 방으로 옮겼다. | 2 그녀는 그 모든 오렌지를 혼자서 다 먹었다. | 3 그의 부인은 그 소식을 들었을 때 제정신이 아니었다.

작문 따라잡기 해석
1 She never tries to solve her problems for herself. | 2 You will have to make a decision for yourself. | 3 The beast was living in the castle by himself(itself). | 4 The child mastered English Alphabet by himself. | 5 I was beside myself at the moment.

재귀대명사의 관용적 표현 2

Nothing is evil **in itself**.
본래 악한 것은 없다.

of itself : 자연히, 저절로
in itself : 본질적으로(그 자체가), 본래

● 앞의 장에서 소개한 표현들과 함께 가장 빈번하게 사용되는 [전치사 + 재귀대명사] 표현들이다.

| 예제 | 썩은 이빨 하나가 저절로 빠졌다.

STEP 1 **A decayed tooth** → 완전한 주어를 만든다.
STEP 2 A decayed tooth **has come out** → 동사구까지 완성한다.
STEP 3 A decayed tooth has come out **of itself**.
→ 나머지 부분(부사구)을 완성한다.

완성된 문장 A decayed tooth has come out of itself.

예문 들여다보기

1. The window opened **of itself**.
2. Learning is an end **in itself**.   •• end 목적
3. Sore throat isn't an illness **in itself**.

1 그 촛불이 저절로 꺼졌다.

candle 촛불 | go out 꺼지다

2 그 전문가들은 그 터널 지붕이 저절로 무너질 수는 없다고 말한다.

expert 전문가 | tunnel roof 터널 지붕 | collapse 무너지다

3 도시화 자체가(본질적으로) 문제가 되는 것은 아니다.

urbanization 도시화 | problem 문제

4 두뇌 자체는(본질적으로) 아무런 통증을 느끼지 않는다.

brain 두뇌 | feel no pain 통증을 느끼지 않다

5 그것은 본래 사찰이었다.

temple 사찰

---

day 65 answers

예문 들여다보기 해석
1 창문이 저절로 열렸다. | 2 배움은 그 자체가 목적이다. | 3 목이 쓰리는 것은 그 자체가 병은 아니다.

작문 따라잡기 해석
1 The candle went out of itself. | 2 The experts say that the tunnel roof cannot collapse of itself. | 3 Urbanization in itself is not a problem. | 4 Brain in itself feels no pain. | 5 It was a temple in itself.

DAY 66 A is one thing and B is another

Knowing is one thing, and teaching **is another**.
아는 것과 가르치는 것은 다르다.

A is one thing, and B is another : A와 B는 별개이다

* A와 B 자리에는 주어로서 올 수 있는 명사의 성질을 가진 표현(명사, 동명사, 명사구, 명사절 등)이 쓰여야 하며, 한 문장에서는 A와 B에 같은 형태의 표현이 쓰여야 한다.

| 예제 | 왕에게 충성하는 것과 나라를 사랑하는 것은 별개이다.

STEP 1 Being loyal to one's lord → 먼저 완전한 주어를 만든다.
STEP 2 Being loyal to one's lord **is one thing** → 첫 번째 절을 완성한다.
STEP 3 Being loyal to one's lord is one thing, **and** loving one's country is another.
→ and 다음에 오는 절도 같은 방법으로 완성한다.

└ 완성된 문장 _ Being loyal to one's lord is one thing, and loving one's country is another.

예문 들여다보기

1. I think love **is one thing, and** marriage **is another**.
2. What I should do **is one thing, and** how I should do **is another**.
3. Saying **is one thing, and** doing **is another**.

1 이론을 아는 것과 그것을 실행하는 것은 별개이다.

(a) theory 이론 | practice 실행하다

2 운전시험에 합격하는 것과 좋은 운전자가 되는 것은 별개이다.

driving test 운전 시험 | pass 합격하다

3 TOEIC에서 높은 점수를 얻는 것과 영어로 회화를 잘하는 것은 별개이다.

get a high score 높은 점수를 얻다 | speak fluently 회화를 잘하다

4 누군가에게 말하는 것과 연설하는 것은 별개이다.

speak to ~에게 말하다 | give a speech 연설하다

5 책을 읽는 것과 내용을 이해하는 것은 별개의 문제이다.

comprehend the contents 내용을 이해하다

---

day 66 answers

예문 들여다보기 해석
1 나는 사랑과 결혼은 별개라고 생각한다. | 2 무엇을 할 것인가와 어떻게 할 것인가는 별개의 문제이다. | 3 말하는 것과 행동하는 것은 다른 것이다.

작문 따라잡기 해석
1 Knowing a theory is one thing, and practicing it is another. | 2 Passing the driving test is one thing, and being a good driver is another. | 3 Getting a high score of TOEIC is one thing, and speaking English fluently is another. | 4 Speaking to someone is one thing, and giving a speech is another. | 5 Reading a book is one thing, and comprehending the contents is another.

DAY 67 those who ~ / one who ~

The lecture is meaningless to those who do not understand the language. 그 강의는 그 언어를 이해하지 못하는 사람들에게는 의미가 없다.

those who~ : ~하는 사람들 / one who~ : ~하는 사람

- "those who ~"는 "~하는 일반적인 사람들"을 의미하며, "one who ~"는 "~하는" 일반적인 한 사람을 지칭할 때 사용한다.

| 예제 | 그 규칙을 어긴 사람들은 100달러의 벌금에 처해진다.

STEP 1 Those who violate the rule → 관계대명사를 이용해 주어를 완성한다.
STEP 2 Those who violate the rule **are fined**. → 동사를 완성한다.
STEP 3 Those who violate the rule are fined **100 dollars**.
→ 나머지 부분을 완성한다.

| 완성된 문장 | Those who violate the rule are fined 100 dollars.

예문 들여다보기

1. **Those who** do not come for interviews on the appointed day will be disqualified.
2. Protect **those who** are incapable of protecting themselves.
3. **One who** goes to France never fails to visit Paris.

1 모든 사람들을 존경하는 사람들은 항상 모든 이에 의해 존경받는다.

respect 존경하다

2 나는 항상 다른 사람들의 감정을 배려하는 사람들이 좋다.

be considerate of ~을 배려하다 | feeling 감정

3 단것을 좋아하는 사람들이 당뇨병을 앓을 가능성이 더 크다.

sweets 단것 | be more likely to ~할 가능성이 더 크다 | suffer from diabetes 당뇨를 앓다

4 나는 비즈니스 미팅에 습관적으로 늦는 사람들은 신뢰하지 않는다.

be late 늦다 | habitually 습관적으로

5 사냥시합에 참가하기를 원하는 사람은 엽총을 가지고 와야 한다.

join the hunting competition 사냥시합에 참가하다 | carry 가져오다 | shotgun 엽총

---

day 67 answers

예문 들여다보기 해석
1 지정된 날의 면접에 빠지는 사람들은 실격이다. | 2 스스로를 보호할 능력이 안 되는 사람들을 보호하라. | 3 프랑스에 가는 사람은 반드시 파리를 찾는다.

작문 따라잡기 해석
1 Those who respect all people are always respected by everybody. | 2 I like those who are always considerate of others' feelings. | 3 Those who like sweets are more likely to suffer from diabetes. | 4 I don't trust those who are habitually late at the business meeting. | 5 One who wants to join the hunting competition should carry a shotgun.

CHAPTER 08

시간, 조건, 이유, 양보를 나타내는 접속사 구문

DAY 68 every time ~

Every time I make a right turn, I hear a strange noise from under the car.
제가 우회전할 때마다 차 밑에서 이상한 소리가 납니다.

작문 포인트

every time + 주어 + 동사 ... : (매번) ~할 때마다

- 접속사절 역할을 하는 「every time ~」이 앞에 올 경우 절 뒤에 쉼표(,)가 오며, 주절(또 다른 절)이 먼저 오면 쉼표 없이 「every time ~」절이 뒤따른다. 어느 절이 먼저 오든 순서는 상관없다.
- 아래의 예제와 같이 항상 [주어 + 동사]를 먼저 찾아 작문에 접근한다.

| 예제 | 그녀는 파티에 갈 때마다, 그 드레스를 입는다.

└ "그녀는 파티에 갈 때마다"
  - **STEP 1** Every time she goes → 「주어 + 동사」를 먼저 찾는다.
  - **STEP 2** Every time she goes **to a party** → 동사 다음에 올 문장요소를 만든다.

└ "그 드레스를 입는다."
  - **STEP 1** She wears → 「주어 + 동사」를 먼저 찾는다.
  - **STEP 2** She wears **the dress**. → 동사 다음에 올 문장요소를 만든다.

└ 완성된 문장 _ Every time she goes to a party, she wears the dress.

예문 들여다보기

1. **Every time** I called on him, he was not at home. •• call on 방문하다
2. He always says the same old story **every time** he makes a mistake.
3. **Every time** I take a shower, hot water runs out before I finish.

1 내가 커피 한잔을 마시러 갈 때마다 포트가 비어 있다.

go (to) drink a cup of coffee 커피 한잔 마시다 | pot 냄비 | empty 빈

2 그는 지각할 때마다 언제나 케케묵은 똑같은 변명을 한다.

give(make) an excuse 변명을 하다 | old 케케묵은

3 내가 당신을 볼 때마다 당신은 항상 졸고 있었어요.

look at ~를 보다 | doze 졸다

4 John은 그의 사무실을 나설 때마다 모든 자물쇠를 확인한다.

lock 자물쇠 | leave 나서다, 떠나다

5 내가 그녀를 만날 때마다 내 가슴은 두근거린다.

heart 가슴 | beat fast 두근거리다

---

day 68 answers

예문 들여다보기 해석
1 내가 그를 방문할 때마다 그는 집에 없었다. | 2 그는 실수할 때마다 늘 똑같은 이야기를 한다. | 3 내가 샤워할 때면 끝내기도 전에 온수가 중단된다.

작문 따라잡기 해석
1 Every time I go drink a cup of coffee, the pot is empty. | 2 He always gives the same old excuse every time he is late. | 3 Every time I looked at you, you were always dozing. | 4 John checks all the locks every time he leaves his office. | 5 Every time I meet(see) her, my heart beats fast.

As soon as 주어 + 동사 ...

He will apologize to you **as soon as** he returns to Seoul.
그는 서울로 **돌아오자마자** 당신에게 사과할 겁니다.

As soon as + 주어 + 동사 ... : ~하자마자

- 같은 표현으로는 the moment ~, the instant ~, instantly ~ 등이 있다.
- 접속사절 역할을 하는 「as soon as ~」가 앞에 올 경우 절 뒤에 쉼표(,)가 오며, 주절(또 다른 절)이 먼저 오면 쉼표 없이 「as soon as ~」절이 뒤따른다. 어느 절이 먼저 오든 순서는 상관 없다.

| 예세 | 그녀가 나를 파티에서 보자마자 내 뺨을 때렸다.

　└, "그녀가 나를 파티에 보자마자"
　　　STEP 1　As soon as she saw　➡ 「주어 + 동사」를 시제에 맞게 구성한다.
　　　STEP 2　As soon as she saw **me at the party**
　　　　　➡ 동사 다음에 올 문장요소(목적어 + 전치사 구)를 완성한다.

　└, "내 뺨을 때렸다."
　　　STEP 1　she slapped　➡ 「주어 + 동사」를 시제에 맞게 구성한다.
　　　STEP 2　she slapped **me on my cheek**.
　　　　　➡ 동사 다음에 올 문장요소(목적어 + 전치사구) 를 완성한다.

└, 완성된 문장 _ As soon as she saw me, she slapped me on my cheek.

예문 들여다보기

1. **As soon as** you feel the cold, start having as much water as possible.
2. **As soon as** the insect was removed, the printer began to work properly again.
3. I always fasten my seat belt **as soon as** I get into the car.

1 그는 현재의 프로젝트를 마치자마자 뉴욕으로 떠날 것이다.

current 현재의 | leave for ~로 떠나다

2 경찰이 도착하자마자 그 시위자들은 해산하기 시작했다.

arrive 도착하다 | protester 시위자 | disperse 해산하다

3 입구가 열리자마자 일본인 관광객들은 백화점 안으로 몰려들었다.

tourist 관광객 | surge into ~로 몰려들다 | department store 백화점

4 그 쥐들은 나의 고양이를 보자마자 도망갔다.

rat 쥐 | run away 도망가다

5 너는 서울에 도착하자마자 반드시 그에게 연락해야 한다.

arrive in ~에 도착하다 | contact ~에게 연락하다

---

answers

예문 들여다보기 해석
1 감기 기운을 느끼자마자 가능한 물을 많이 마시기 시작하세요. | 2 곤충을 제거하자마자 프린터는 다시 제대로 작동하기 시작했다. | 3 나는 차에 타자마자 항상 안전벨트를 착용합니다.

작문 따라잡기 해석
1 As soon as he finishes his current project, he will leave for New York. | 2 As soon as the police arrived, the protesters began to disperse. | 3 As soon as the gate was opened, Japanese tourists surged into the department store. | 4 The rats ran away as soon as they saw my cat. | 5 You must contact him as soon as you arrive in Seoul.

DAY 70 by the time 주어 + 동사 ...

By the time Beethoven was totally deaf, his music expressed his complex emotions and ideas. 베토벤이 완전히 귀가 멀 **때쯤** 그의 음악은 그의 복잡한 감정과 생각들을 표현해냈다.

by the time + 주어 + 동사 ... : ~할 때쯤

- 「by the time~」과 같이 시간을 나타내는 부사절에는 미래시제가 쓰일 수 없고 대신 현재형이 사용된다. 단, 문장 안에서 함께 쓰이는 또 다른 절(주절)에는 미래 시제가 사용된다.
- by the time은 위의 뜻 외에도 문장에 따라 "~때까지는"이라는 의미로도 쓰인다.

| 예제 | 네가 이 메모를 발견할 때쯤 나는 항해중일 것이다.

  ↳ "네가 이 메모를 발견할 때쯤"
  - **STEP 1** By the time you find → 「주어 + 동사」를 구성한다.
  - **STEP 2** By the time you find **this note**
    → 동사 다음에 온 문장요소(목적어)를 완성한다

  ↳ "나는 항해중일 것이다."
  - **STEP 1** I will be → 「주어 + 동사」를 구성한다.
  - **STEP 2** I will be **on a voyage**. → 동사 다음에 올 문장요소(전치사구)를 완성한다.

↳ 완성된 문장 _ By the time you find this note, I will be on a voyage.

예문 들여다보기

i. **By the time** I got there, the office was closed.

ii. **By the time** the evening becomes deeper, there will be no one in the park.

iii. **By the time** they pass through the Eiffel Tower, they will be tired.

1 탐험대가 산 중턱에 도달할 때쯤이면 (날이) 꽤 어두울 것이다.

expedition 탐험대 | reach ~에 도달하다 | mountainside 산중턱

2 네가 이 편지를 받을 때쯤이면, 난 캐나다에 있을 것이다.

get 받다

3 그녀가 15살 때쯤이면 너는 군복무를 하고 있을 것이다.

serve in the army 군복무하다 | be ~ing ~하고 있다

4 그 오류가 보고되었을 때쯤에는 이미 그것이 해결되어 있었다. (과거완료)

error 오류 | report 보고하다 | fix 해결하다
※ 과거의 어떤 시점보다 더 이전의 일을 표현할 때는 과거완료(had p.p.) 시제를 사용한다.

5 네가 우리에게 전화했을 때쯤에는 그녀는 이미 떠나고 없었다. (과거완료)

arrive 도착하다 | gone 떠나다

---

day 70 answers

예문 들여다보기 해석
1 내가 그곳에 도착했을 때쯤엔 사무실 문이 닫혀 있었어요. | 2 밤이 깊어질 때쯤에는 공원에 아무도 없을 것이다. | 3 그들이 에펠탑을 지날 때쯤에는 모두 지쳐 있을 것이다.

작문 따라잡기 해석
1 By the time the expedition reaches the mountainside, it will be quite dark. | 2 By the time you receive this letter, I will be in Canada. | 3 By the time she becomes fifteen, I will be serving in the army. | 4 By the time the error was reported, it had already been fixed. | 5 By the time you called us, she had already gone.

DAY 71 no sooner + had + 주어 + p.p. + than ~

No sooner had I finished washing the car **than** it began to rain.
내가 세차를 **끝내자마자** 비가 오기 시작했다.

작문 포인트

no sooner + had + 주어 + p.p. + than ~ : …하자마자 ~하다

● 위의 표현을 직역하면 "~보다 더 빨리 …하지도 않았다"라는 말이 된다. 의미를 풀이해보면 결국 "…하자마자 ~했다"라는 뜻이 된다.

● 영어에서는 문장 맨 앞에 부정어구가 오면 항상 [주어 + 동사] 어순이 반대로 도치된다. 그래서 "No sooner"가 앞에 왔기 때문에 "had + 주어 + p.p." 어순이 된다는 것을 기억하자.

● 같은 표현으로 "Hardly/Scarcely + had + 주어 + p.p. + when(before) ~"가 있다.

| 예제 | Neil은 그 보물 지도를 찾아내자마자 아마존 강으로 떠났다.

STEP 1 No sooner **had Neil found out** → 「주어 + 동사」를 구성한다.(도치 구문)
STEP 2 No sooner had Neil found out **the treasure map**
→ 동사 다음에 올 문장요소(목적어)를 만든다.
STEP 3 No sooner had Neil found out the treasure map **than**
→ than을 붙인다.
STEP 4 No sooner had Neil found out the treasure map than **he left for the Amazon.** → than 뒤에 올 절(과거시제)을 마무리한다.

↳ 완성된 문장 _ No sooner had Neil found out the treasure map than he left for the Amazon.

예문 들여다보기

1. **No sooner** had she seen the policeman **than** she turned pale.
2. **No sooner** had we sat down **than** the play started.
3. **Hardly** had he come home **when** his wife started complaining.
4. **Scarcely** had he gone out **when** it began to snow.

1 John은 집에 오자마자 여행을 떠났다.

_____

start on a journey 여행을 떠나다

2 그는 고향 마을로 돌아오자마자 병이 났다.

_____

return to ~로 돌아오다 | hometown 고향마을 | fall ill 병에 걸리다

3 그녀는 나를 보자마자 울음을 터뜨렸다.

_____

burst into cry 울음을 터뜨리다

4 Patty는 그 슬픈 소식을 듣자마자 기절했다.

_____

faint out 기절하다

5 엄마는 문을 열자마자 화난 목소리로 나를 불렀다.

_____

in an angry voice 화난 목소리로

Day 71 answers

예문 들여다보기 해석
1 그녀는 경찰관을 보자마자 창백하게 변했다. | **2** 우리가 앉자마자 연극이 시작됐다. | **3** 그가 귀가하자마자 그의 부인은 불평을 시작했다. | **4** 그가 외출을 하자마자 눈이 내리기 시작했다.

작문 따라잡기 해석
1 No sooner had John arrived home than he started on a journey. | **2** No sooner had he returned to his hometown than he fell ill. | **3** No sooner had she seen me than she bursted into cry. | **4** No sooner had Patty heard the sad news than fainted out. | **5** No sooner had mom opened the door than she called me in an angry voice.

since / as + 주어 + 동사 ...

I cannot leave tonight since I have to draw up the contract tomorrow.
나는 내일 그 계약서를 작성해야 하기 **때문에** 오늘밤 떠날 수가 없다.

since/as + 주어 + 동사 ... : ~이므로, ~한 까닭에

- since, as 등이 절(주어 + 동사) 앞에 오며 접속사로 쓰인 경우이다.
- 접속사 since는 위의 뜻 외에도 현재완료 문장과 함께 '~이래로'의 의미로도 쓰이며, 접속사 as는 '~할 때, ~하면서(함에 따라), ~ 대로' 등의 의미로도 쓰인다.

|예제| 그는 변덕스러운 사람이기 때문에 그의 반응을 예측하는 것은 힘들다.

ㄴ "그는 변덕스러운 사람이기 때문에"

STEP 1 Since he is ➡ 「주어 + 동사」를 구성한다.

STEP 2 Since he is **a moody person**
➡ 동사 다음에 올 문장요소(보어)를 완성한다.

ㄴ "그의 반응을 예측하는 것은 힘들다"

STEP 1 It is difficult
➡ 「주어 + 동사 + 보어」를 구성한다. 여기서는 진짜 주어인 "그의 반응을 예측하는 것" 대신 앞에 가주어 it을 사용했다.

STEP 2 it is difficult **to predict his reaction**.
➡ 문장을 마무리한다.(진주어 완성)

ㄴ 완성된 문장 _ **Since he is a moody person, it is difficult to predict his reaction.**

예문 들여다보기

1. **Since** a toilet is considered to be a dirty place in this country, bathrooms are separate from toilets .
2. People often buy more than they can really afford **since** they can use credit cards. ** afford 감당하다

1 네가 바이올린 연주를 잘 했기 때문에 나는 네가 음악가가 될 것으로 생각했었다.

play 연주하다 | become ~가 되다 | musician 음악가

2 그가 보험없이 운전했기 때문에 그의 운전면허증이 취소되었다.

insurance 보험 | driver's license 운전면허증 | revoke 취소하다

3 그는 경험이 많은 여행자이므로 위험에 대비해 충분히 준비되어 있다.

experienced 경험 많은 | prepared for ~에 대해 준비된

4 그는 이미 두 번이나 실패했으므로 다시 시도하기를 원치 않는다. (현재완료)

fail 실패하다 | twice 두 번

5 그는 너그러운 사람이므로 너를 용서할 것이다.

generous 너그러운 | forgive 용서하다

---

day 72 answers

예문 들여다보기 해석
1 이 나라에서는 화장실이 지저분한 장소로 여겨지기 때문에 목욕탕이 화장실과 분리되어 있다. | 2 사람들은 신용카드를 이용할 수 있기 때문에 종종 정말로 감당할 수 있는 것보다 더 많은 것을 산다.

작문 따라잡기 해석
1 Since you played the violin very well, I thought you would become a musician. | 2 Since he drove without an insurance, his driver's license was revoked. | 3 As he is an experienced traveler, he is fully prepared for the dangers. | 4 As he has already failed twice, he doesn't want to try it again. | 5 As he is a generous person, he will forgive you.

DAY 73 because / for ~

The doctor is so busy because patients come to see him all day long.
환자들이 하루 종일 그를 보러 오기 **때문에** 그 의사는 매우 바쁘다.

작문 포인트

because ~ : ~ 때문에, ~한 이유로 / for ~ : 왜냐하면 ~이니까

- because는 강한 뜻의 직접적인 이유를 나타내는 종속접속사인 반면 for는 이유를 부가적으로 설명하는 등위접속사로서 항상 주절 다음에 온다.
- "should not ~ because …"는 문장에 따라 "… 때문에 ~해선 안 된다"로 해석되기도 한다.

| 예제 | 그녀는 선약이 있기 때문에 우리와 함께 갈 수 없다.

└ "그녀는 선약이 있기 때문에"
  - **STEP 1** Because she has → 「주어 + 동사」를 구성한다.
  - **STEP 2** Because she has **a prior appointment**
    → 동사 다음에 올 문장요소(목적어)를 완성한다.

└ "우리와 함께 갈 수 없다"
  - **STEP 1** she can't go → 「주어 + 동사」를 구성한다.
  - **STEP 2** she can't go **with us** → 동사 다음 부분을 완성한다.

└ 완성된 문장 _ **Because she has a prior appointment, she can't go with us.**

예문 들여다보기

1. This system is extremely economical **because** it costs a half-priced electricity.
2. You should not look down on him **because** he is poor.
3. We can't get an enough exercise **for** we are forced to spend a lot of time in front of the computer. •• be forced to ~할 수 밖에 없다

작문 따라잡기

1. 내가 싸우려 하지 않았기 때문에 그들은 나를 겁쟁이라고 했다(불렀다).

   _____

   coward 겁쟁이 | fight 싸우다

2. 그 소년이 말을 더듬는다는 이유로 그를 놀려서는 안 된다.

   _____

   tease 놀리다 | stutter 말을 더듬다

3. 나는 아기를 돌보아야 했기 때문에 음악회에 갈 수가 없었다.

   _____

   go to a concert 음악회에 가다 | take care of ~를 돌보다

4. Peter Drucker의 작품 들은 대단해, 왜냐하면 뛰어난 아이디어들로 가득 차 있거든.

   _____

   work 작품 | great 대단한 | be full of ~로 가득하다 | brilliant 뛰어난

5. 풍력은 청정에너지인데 왜냐하면 그것은 오염원을 배출하지 않기 때문이야.

   _____

   wind power 풍력 | clean 청정한 | produce pollutants 오염원을 배출하다

---

day 73 answers

예문 들여다보기 해석
1 이 시스템은 절반 가격의 전기가 들기 때문에 매우 경제적이다. | 2 그가 가난하다는 이유로 무시해선 안 된다. | 3 우리는 충분한 운동을 할 수가 없다, 왜냐하면 컴퓨터 앞에서 오랜 시간을 보내야 하기 때문이다.

작문 따라잡기 해석
1 They called me a coward because I would not fight. | 2 You must(should) not tease the boy because he stutters. | 3 I could not go to a concert because I had to take care of the baby. | 4 Peter Drucker's works are great for they are full of brilliant ideas. | 5 Wind power is a clean energy for it does not produce pollutants at all.

DAY 74 Now (that) 주어 + 동사 ...

Now that I am here with you, you have nothing to worry about.
내가 너랑 같이 **있으니까** 아무 걱정할 필요가 없어.

Now (that) 주어 + 동사 ... : (이제) ~이니까

- "Now that ~"은 문어적인 표현이므로 구어체에서는 that을 생략하는 편이다.

| 예제 | 이제 너는 혐의가 없으니, 집에 가도 좋다.

↳ "이제 너는 혐의가 없으니"
- **STEP 1** Now (that) **you are** → 「주어 + 동사」를 구성한다.
- **STEP 2** Now you are **clear from a suspicion**
  → 동사 다음에 올 문장요소를 완성한다.

↳ "집에 가도 좋다"
- **STEP 3** you may go back home
  → 「주어 + 동사 ~」를 구성한다. (may ~: ~해도 좋다)

| 완성된 문장 | Now you are clear from a suspicion, you may go back home.

예문 들여다보기

1. **Now (that)** the game is over, we'd better leave before the gateway is crowded.
2. **Now (that)** he lives far away from a big city, he seldom has visitors.
3. **Now (that)** our plane have reached a safe cruising altitude, I'm going to turn off the seatbelt sign. ** cruising altitude 운항고도
4. **Now (that)** our plan has been come into action, all you have to do is to wait for the result. ** come into action 실행하다

1 너도 이제 어른이니까 직장을 구해야 한다.

___

grown-up 어른 | get a job 직장을 구하다

2 너도 이제 10대를 지났으니 더 신중해질 필요가 있다.

___

out of one's teens 10대를 지나다 | prudent 신중한

3 너도 이제 20대이니, 누군가와 결혼을 해야 한다.

___

be in one's twenties 20대이다 | get married with ~와 결혼하다

4 나도 이제 돈을 가졌으니, 아무도 날 무시하지 않을 것이다.

___

nobody ~ 아무도 ~않다 | disregard 무시(멸시)하다

5 이제 정오가 지났으니, 점심 먹으러 가자.

___

past noon 정오가 지난 | go for lunch 점심 먹으러 가다

---

day 74 answers

예문 들여다보기 해석
1 시합이 끝났으니까 우리도 출구가 붐비기 전에 떠나는 게 좋겠다. | 2 그는 이제 대도시에서 멀리 떨어져 살고 있기 때문에 방문하는 사람이 거의 없다. | 3 우리 비행기가 이제 안전한 운항 고도에 이르렀으니까 안전벨트 신호를 끄겠습니다. | 4 우리의 계획이 이제 시행되기 시작했으니, 너는 결과만 기다리면 된다.

작문 따라잡기 해석
1 Now (that) you are a grown-up, you should get a job. | 2 Now (that) you are out of your teens, you need to be more prudent. | 3 Now (that) you are in your twenties, you should get married with someone. | 4 Now (that) I have money, nobody will disregard me. | 5 Now (that) it is past noon, let's go for lunch.

181

DAY 75 Though + 주어 + 동사

Gandhi achieved great things in his life though his lifestyle was very humble. 비록 그의 생활은 매우 검소**했지만** 간디는 자신의 생에서 많은 것을 이루었다.

작문 포인트

Though + 주어 + 동사 ... : 비록 ~ 일지라도

- 바꿔 쓸 수 있는 표현으로 Even though ~, Even if ~, Although ~ 가 있다.

| 예제 | 비록 아침에는 비가 왔지만, 오후는 매우 화창했다.

↳ "비록 아침에는 비가 왔지만"
- **STEP 1** Though it rained → 「주어 + 동사」를 구성한다.
- **STEP 2** Though it rained in the morning
  → 동사 다음에 올 문장요소(전치사구)를 완성한다.

↳ "오후는 매우 화창했다"
- **STEP 1** the afternoon was → 「주어 + 동사」를 구성한다.
- **STEP 2** the afternoon was very sunny.
  → 동사 다음의 문장요소(보어)를 완성한다.

↳ 완성된 문장 _ **Though it rained in the morning, the afternoon was very sunny.**

예문 들여다보기

1. **Though** the boy tried to pull the fish hard, he was pulled deeper into the river.
2. **Though** countries use the same body languages, they often have very different meanings.
3. **Even though** she lived a short life, she touched people all over the world with her beauty and love for others.

작문 따라잡기

1. 비록 우리가 많은 돈을 썼지만, 그 여행은 우리에게 잊지 못할 추억들을 주었다.

   travelling 여행 | unforgettable 잊지 못할 | memory 추억, 기억

2. 비록 그의 삶은 짧았지만, 그는 세계 역사를 영원히 바꾸어 놓았다.

   world history 세계역사 | forever 영원히

3. 비록 그들의 봉급이 몇 년간 감소할지도 모르지만, 적어도 그들은 여전히 일할 수 있고 봉급을 받을 수 있다.

   salary 봉급 | decrease 감소하다 | get paid 봉급을 받다

4. 비록 그 환자는 서둘러서 병원에 보내졌지만, 여전히 위독한 상태였다.

   in a hurry 서둘러서 | be in a critical condition 위독한 상태이다

5. 비록 그녀는 학생이지만, 글을 써서 돈을 번다.

   make money 돈을 벌다 | by writing 글을 써서

DAY 75 answers

예문 늘어다보기 해석
1 그 소년은 물고기를 자기 쪽으로 당기려고 무척 애를 썼지만 강 속으로 더 깊이 끌려들어갔다. | 2 비록 나라들마다 똑같은 신체언어를 사용하지만 그것들은 종종 아주 다른 의미를 지닌다. | 3 비록 그녀는 짧은 생을 살았지만 그녀의 미모와 다른 사람에 대한 사랑으로 전 세계의 사람들을 감동시켰다.

작문 따라잡기 해석
1 Though we spent a lot of(much) money, the travelling gave us unforgettable memories. | 2 Even though his life was short, he changed the world history forever. | 3 Though their salaries may decrease for years, at least they can still work and get paid. | 4 Though the patient was sent to a hospital in a hurry, he was still in a critical condition. | 5 Though she is a student, she makes money by writing.

DAY 76 despite + 명사/-ing

Despite his old age and recent heart attack, he appears healthy and energetic. 그는 고령의 나이와 최근의 심장 마비**에도 불구하고** 건강하고 활력이 넘쳐 보인다.

despite + 명사/-ing : ~ 에도 불구하고 (= In spite of ~)

- 전치사인 despite 뒤에는 명사만이 올 수 있으며, "despite the fact that + 주어 + 동사 ~" 형태를 통해 절(주어 + 동사)을 넣을 수 있다.

| 예제 | 불경기에도 불구하고 경영진은 우리의 봉급을 올리기로 결정했다.

STEP 1 Despite the recession, → 「despite + 명사」 (~에도 불구하고)
STEP 2 Despite the recession, **the management decided**
→ 「주어 + 동사」를 구성한다.
STEP 3 Despite the recession, the management decided **to raise our salaries.** → 동사 다음의 문장요소(목적어)를 완성한다.

└ 완성된 문장 _ Despite the recession, the management decided to raise our salaries.

예문 들여다보기

1. **Despite** the criticisms, they pushed on their demands to the last.
2. **Despite** heavy spending in education, only one third of all college graduates get jobs. ** get jobs 취직하다
3. **Despite** the fact that the driver didn't hit a cat by his fault, he still feel terrible about the cat was dead.

1 그는 나쁜 날씨에도 불구하고, 그는 그의 친구를 만나러 나갔다.

weather 날씨 | go out 외출하다

2 (그녀의) 부상에도 불구하고, 그녀는 그 경기에 참가하길 원했다.

injury 심한 부상 | participate in ~에 참가하다

3 몇 가지의 사소한 문제점들에도 불구하고, 전반적인 상황은 그렇게 나쁘지 않다.

a few 몇 가지의 | minor 사소한 | overall 전반적인

4 과중한 업무에도 불구하고, 그는 여전히 그의 가족을 위한 시간을 용케 만들어낸다.

heavy workload 과중한 업무 | manage to~ 용케 ~하다

5 그녀는 피부암으로, 몇 차례 수술을 받았음에도 불구하고, 여전히 그녀의 회사를 위해 일을 했다.

get a surgery for ~에 대해 수술을 받다 | skin cancer 피부암

---

day 76 answers

예문 들여다보기 해석
1 비난에도 불구하고 그들은 자신들의 요구를 끝까지 관철시켰다. | 2 교육에 많은 돈을 지출함에도 불구하고 대학 졸업자의 3분의 1만이 취직되고 있다. | 3 그 운전자는 자신의 잘못으로 고양이를 치지 않았음에도 불구하고 여전히 고양이가 죽었다는 것에 끔찍해한다.

작문 따라잡기 해석
1 Despite the bad weather, he went out to meet his friend. | 2 Despite her injury, she wanted to participate in the game. | 3 Despite a few minor problems, the overall situation is not so bad. | 4 Despite his heavy workload, he still manages to make time for his family. | 5 Despite the fact that she had got several surgeries for a skin cancer, she worked for her company.

형용사/명사 as + 주어 + 동사

Rich as they are, they always try not to live in luxury.
그들은 **부자이긴 하지만** 항상 사치스럽게 살지 않으려 애쓴다.

형용사/명사 + as + 주어 + 동사 : 비록 ~ 하지만

| 예제 | 그녀는 비록 무용수이지만 매우 굵은 팔뚝을 가졌다.

  STEP 1 Dancer as **she is**, → 「명사 as + 주어 + 동사」를 완성한다.
  STEP 2 Dancer as she is, **she has** → 뒤에 오는 절의 「주어 + 동사」를 구성한다.
  STEP 3 Dancer as she is, she has **very thick arms**.
              → 동사 다음의 문장요소(목적어)를 완성한다.

↳ 완성된 문장 _ Dancer as she is, she has very thick arms.

예문 들여다보기

1. **Millionaire as** the old man is, he has no family.
2. **Strange as** it may sound, he has never been away from his hometown in his whole life.
3. **Engineer as** he is, he has a good understanding on diplomatic issues.

1. 그녀는 비록 가난했지만 결코 돈을 구걸하지 않았다.

   _____

   beg for ~을 구걸하다

2. 우습게 들릴지 모르지만 나는 국회의원에 출마할 계획이다.

   _____

   funny 우스운 | plan to ~할 계획이다 | run for the National Assembly 국회의원에 출마하다

3. 그녀는 비록 어린 아이지만 그녀의 어린 남동생들을 돌보아야 한다.

   _____

   take care of 돌보다

4. John은 비록 14살이지만 4개국 언어를 할 수 있다.

   _____

   four languages 4개국 언어

5. 그녀는 비록 프로 레슬러이지만 모든 이에게 상냥하다.

   _____

   professional wrestler 프로 레슬러 | nice to ~에게 상냥하다

---

day 77 answers

예문 들여다보기 해석
1. 그 노인은 백만장자이지만, 가족이 없다. | 2. 이상하게 들릴지 모르지만 그는 일생 동안 고향을 떠난 적이 없다. | 3. 그는 엔지니어이지만 외교 문제에 대해서도 해박하다.

작문 따라잡기 해석
1. Poor as she was, she never begged for money. | 2. Funny as it may sound, I plan to run for the National Assembly. | 3. Young child as she is, she has to take care of her younger brothers. | 4. Fourteen as John is, he can speak four languages. | 5. Professional wrestler as she is, she is nice to everyone.

DAY 78 whether A (or not) ~

Whether you will succeed **or not** depends entirely on your efforts.
네가 성공하고 못하고는 전적으로 너의 노력에 달려 있다.

작문 포인트

whether A or B : A이든 B이든 간에
whether A (or not) : A이든 아니든

- 대게 whether 바로 다음이나 끝에 'or not'을 붙이지만 내용에 따라서 생략할 수도 있다.
- whether절은 문장에서 명사와 똑같이 주어, 목적어, 보어로 사용될 뿐만 아니라 독립된 접속사절로도 쓰일 수 있다.
- Whether A (or not)는 명사절을 이끌 수도 있고 '양보'를 나타내는 부사절을 이끌 수도 있다.

| 예제 | 아버지가 찬성하시든 안하시든 나는 Mike와 결혼할 것이다.

STEP 1 Whether my father agrees or not
→ Whether A or not을 이용한 부사절을 완성한다.

STEP 2 Whether my father agrees or not, I will mary Mike.
→ 주절로 「주어 + 동사」 어순으로 완성한다.

↳ 완성된 문장 _ Whether my father agrees or not, I will mary Mike.

예문 들여다보기

1. **Whether** there are traffic lights **or not**, he doesn't slow down at crosswalks.
2. All foods contain chemicals **whether** they are natural **or** synthetic. ** synthetic 합성의
3. At that time, I didn't know **whether** to laugh **or** cry.
4. It is arguable **whether** viruses are living organisms **or** not
   ** arguable 논쟁의 여지가 있는

작문 따라 잡기

1 그것이 고의적이었든 아니든 간에, 너는 그에게 사과해야 했었다.

_____

purposeful 고의적인 | apologize to ~에게 사과하다

2 나는 그가 금요일 저녁 댄스파티에 갈지 안 갈지 확실히 모른다.

_____

sure 확실히 아는 | go to the prom 댄스파티에 가다

3 나는 샐러드를 먹어야 할지 햄버거를 먹어야 할지 모르겠다.

_____

salad 샐러드 | hamburger 햄버거

4 그 주문이 사실인지 아닌지는 의심스럽다. (whether절 → 가주어 it 사용)

_____

doubtful 의심스러운 | scandal 주문

5 그가 그 시험에 합격할지는 확실치 않다.

_____

certain 확실한 | pass 합격하다 | examination 시험

---

day 78 answers

예문 들여다보기 해석
1 그는 교통 신호등이 있건 없건 교차로에서 속도를 늦추지 않는다. | **2** 자연식품이든 합성식품이든 모든 식품은 화학물질을 포함한다. | **3** 그 당시에 나는 웃어야 할지 울어야 할지 몰랐다. | **4** 바이러스가 생물이냐 아니냐 하는 것은 논쟁의 여지가 있다.

작문 따라잡기 해석
1 Whether it was purposeful or not, you had to apologize to him. | **2** I am not sure whether he will go to the prom on Friday night (or not). | **3** I don't know whether to have a salad or a hamburger. | **4** It is doubtful whether the scandal is true (or not). | **5** It is not certain whether he will pass the examination.

목적, 결과 구문

CHAPTER 09

so ~ that ...

His singing skill was **so** brilliant that it was not hard to imagine that he would become a great star. 그는 노래 실력이 **너무 뛰어나서** 대스타가 되리라는 것을 (누구든) 쉽게 상상할 수 있었다.

so ~ that ... : 너무 ~ 해서 … 하다

- so 바로 뒤에는 부사나 형용사 또는 '형용사 + (a/an) + 명사' 형태가 올 수 있다.
- 여기서 so는 바로 뒤에 오는 형용사 또는 부사를 수식하는 역할을 한다.
- that은 생략이 가능하다.

| 예제 | 그는 너무 부끄러워서 사람들 앞에 고개를 들 수가 없었다.

STEP 1 He was so ashamed → that 앞의 「주어 + 동사 + 보어」를 먼저 구성한다.
STEP 2 He was so ashamed that he couldn't raise
→ that절의 「주어 + 동사」를 만든다.
STEP 3 He was so ashamed that he couldn't raise **his head in front of people** → 동사 다음의 문장요소(목적어)를 완성한다.

↳ 완성된 문장 _He was so ashamed that he couldn't raise his head in front of people.

예문 들여다보기

1. My heart pounded **so** hard **that** I could hardly sleep last night.
2. Crack down by the police is **so** strict **that** no crimes have been reported recently.
3. They spoke **so** loud **that** we could not help overhearing what they said. ** cannot help ~ing : ~하지 않을 수 없다
4. It was **so** beautiful a sunset **that** I could never forget it.

1 그는 너무 무식해서 심지어 편지 한 장도 읽지 못한다.

_____

ignorant 무식한 | even ~ 심지어 ~도

2 불이 너무 빠르게 퍼져서 우리는 아무도 구할 수가 없었다.

_____

spread(퍼지다)-spread-spread | save 구하다

3 그는 너무 재미있는 소설들을 써서 1년 만에 인기 작가가 되었다.

_____

novel 소설 | popular writer 인기작가

4 그녀는 너무 지쳐서 더 이상 말을 할 수 없었다.

_____

exhausted 지친 | anymore 더 이상

5 그 붕어는 너무 미끄러워서 (그것을) 잡을 수가 없다.

_____

carp 붕어 | slippery 미끄러운 | catch 잡다

---

day 79 answers

예문 들여다보기 해석
1 어젯밤에 가슴이 너무 심하게 두근거려서 나는 거의 잠을 잘 수 없었나. | **2** 경찰의 단속이 너무 삼엄해서 최근에는 범죄가 신고된 적이 없다. | **3** 그들이 너무 큰 소리로 말해서 우리는 그들의 말을 듣지 않을 수가 없었다. | **4** 일몰이 너무 아름다워서 결코 잊을 수가 없었다.

작문 따라잡기 해석
1 He is so ignorant that he can't read even a letter. | **2** The fire spread so fast that we could not save anybody. | **3** He wrote so interesting novels that he became a popular writer in a year. | **4** She was so exhausted that she could not speak anymore. | **5** The carp is so slippery that I can't catch it.

193

DAY 80 such ~ that ...

It was **such** a lovely day **that** I went out for a walk.
날씨가 **너무 좋아서** 나는 산책하러 밖에 **나갔다**

작문 포인트

such + (a/an + 형용사) + 명사 + that ... : 아주[매우] ~ 해서 …하다

- so는 형용사를 수식하기 때문에 "so + 형용사 + (a/an) + 명사" 어순을 이루지만 such는 명사를 수식하기 때문에 "such + (a/an) + 형용사 + 명사" 어순을 이룬다는 것을 항상 기억하자.
- that은 생략이 가능하다.

| 예제 | 그는 너무 서투른 목수여서 못조차도 박지 못했다.

STEP 1 He was such a clumsy carpenter
→ that 앞의 「주어 + 동사 + 보어」를 먼저 구성한다.

STEP 2 He was such a clumsy carpenter **that he couldn't drive**
→ that절의 「주어 + 동사」를 만든다.

STEP 3 He was such a clumsy carpenter that he couldn't drive **even a nail**. → 동사 다음에 문장요소(목적어)를 위치시킨다.

완성된 문장 He was such a clumsy carpenter that he couldn't drive even a nail.

예문 들여다보기

1. They are **such** beautiful girls **that** everybody turns to look at them when they pass on the street.
2. She walked in **such** a hurry **that** she fell on the stairs. •• stairs 계단
3. A sponge is **such** a strange animal **that** it doesn't have the body parts that most animals have. •• sponge 해면

1 그는 너무 부지런한 사장이어서 모든 사람들이 그를 존경한다.

diligent 부지런한 | respect 존경하다

2 너무 더운 밤이어서 나는 기분을 상쾌하게 하기 위해 찬물로 샤워했다.

cold shower 찬물샤워 | refresh oneself 기분을 상쾌하게 하다

3 그녀는 항상 매우 낮은 목소리로 말을 해서 아무도 그녀의 말소리를 듣지 못한다.

in a low voice 낮은 목소리로 | nobody ~ 아무도 ~ 없다

4 그녀는 매우 훌륭한 단거리 주자라서 아무도 그녀의 기록을 깨지 못했다.

short-distance runner 주자 | break one's record ~의 기록을 깨다

5 그는 너무 수다스러운 사람이라서 우리는 그에게 어떠한 비밀도 말할 수 없다.

talkative 수다스러운 | any secret 어떠한 비밀도

---

day 80 answers

예문 들여다보기 해석

1 그들은 너무 아름다운 소녀들이라서 거리의 지나가는 모든 사람들이 그들을 보기 위해 돌아본다. | 2 그녀는 너무 서둘러서 걷다가 계단에서 굴러 떨어졌다. | 3 해면은 너무 이상한 동물이라서 대부분의 동물들이 가지고 있는 몸 부위를 갖고 있지 않다.

작문 따라잡기 해석

1 He is such a diligent president that everybody respects him. | 2 It was such a hot night that I took a cold shower to refresh myself. | 3 She always speaks in such a low voice that nobody can hear her. | 4 She was such a great short-distance runner that nobody couldn't break her record. | 5 He is such a talkative person that we can't tell him any secrets.

so that ~ may/can ...

The criminal went out from the back door so that nobody could see him.
범인은 아무도 자신을 볼 수 **없도록** 뒷문으로 나갔다.

so that + 주어 + may/can ~ : ~하도록(위하여)

- 이 구문은 so가 형용사나 부사를 꾸며주는 것이 아니라 so that이 목적의 의미를 나타내는 부사절을 이끄는 문장이다.
- 구어체에서는 that이 자주 생략된다.

| 예제 | 나는 멋진 풍경을 볼 수 있도록 창문 옆에 앉았다.

STEP 1 I sat by a window → so that 앞의 문장을 「주어 + 동사」어순으로 완성한다.

STEP 2 I sat by a window so that I could see
→ that절도 「주어 + 동사」부터 만들어간다.

STEP 3 I sat by a window so that I could see **a nice view**.
→ 동사 다음의 문장요소(목적어)를 완성한다

| 완성된 문장 _ I sat by a window so that I could see a nice view.

예문 들여다보기

1. Many kinds of illnesses make us feel sleepy **so that** our body **can** cure our illnesses by itself.
2. Ancient artifacts should be carefully preserved by museums **so that** next generations **can** see them.   •• artifact 유물
3. She often goes hungry herself **so that** her children **can** have enough to eat.   •• go hungry 굶주리다

1 Harry는 더 나은 직업을 구하기 위해서 런던으로 갔다.

___

find a job 직업을 구하다

2 나는 극장에 좋은 좌석을 차지하기 위해서 일찍 사무실을 나섰다.

___

leave 떠나다 | seat 좌석 | theater 극장

3 당신이 회사 직원으로서 구분될 수 있도록 항상 신분증을 착용해 주십시오.

___

ID card 신분증 | at all times 항상 | recognizable 구분될 수 있는 | company employee 회사 직원

4 너는 지각하지 않도록 택시를 타는 게 낫겠다.

___

take a taxi 택시를 타다 | be late 늦다

5 대화를 나눌 수 있도록 좀 더 가까이 오거라.

___

a little 약간 | closer 더 가까이 | have a talk 대화를 갖다

---

day 01 answers

예문 들여다보기 해석
1 많은 종류의 질병들은 우리의 신체가 우리의 질병을 스스로 치료하도록 하기 위해서 우리를 졸리게 만든다. | **2** 고대 예술품들은 후손들이 관람할 수 있도록 박물관에 의해 세심하게 관리되어야 한다. | **3** 그녀는 아이들을 배불리 먹이기 위해 종종 자신이 굶는다.

작문 따라잡기 해석
1 Harry went to London so that we could(might) find a better job. | **2** I left my office early so that I could(might) get a good seat in the theater. | **3** Please, wear your ID card at all times so that you can(may) be recognizable as a company employee. | **4** You'd better take a taxi so that he may not be late. | **5** Come a little closer so that we can have a talk.

DAY 82 ~, so that ...

This encyclopedia has very detailed indexes, **so that** we can easily find anysubjects we want. 이 백과사전은 자세한 색인이 실려 **있어서**, 우리가 원하는 어떤 주제든 쉽게 찾아볼 수 있다.

~, so (that) ... : 그래서 … 하다

- 이 구문은 앞에 온 주절 뒤에 쉼표가 붙고, 뒤이어 so that절이 와서 결과의 의미를 나타내는 부사절을 이끈다.
- 구어체에서는 that이 자주 생략된다.

| 예제 | 결국 전쟁이 끝나서 그는 다시 학교로 돌아올 수 있었다.

STEP 1 The war finally came to the end,
→ 주절을 「주어 + 동사」 어순으로 완성한다.

STEP 2 The war finally came to the end, **so that he could return**
→ so that절도 「주어 + 동사」부터 만들어간다.

STEP 3 The war finally came to the end, so that he could return **to his school**. → 동사 다음의 문장을 완성한다.

└ 완성된 문장 _ The war finally came to the end, so that he could return to his school.

예문 들여다보기

1. Both of his parents suddenly passed away, **so that** the child had to earn his own living. ** earn one's living 생계를 유지하다

2. Today's event schedule is organized flexibly, **so that** you can decide for themselves what you want to do.

3. She did not return from Paris, **so that** her husband had to take care of their children instead of her.

1. 냉장고에 먹을 것이 아무것도 없어서 그들은 저녁식사를 위해 외출했다.

   There is nothing to ~ ~할 것이 없다 | refrigerator 냉장고

2. 모든 직원들이 그 행사에 참석해서 우리는 가게를 일찍 닫을 수밖에 없었다.

   employee 직원 | attend 참석하다 | cannot but +동사원형 ~하지 않을 수 없다

3. 그 호텔은 넓은 접시 모양으로 지어져서 한 번에 알아보는 것이 쉬웠다. (it ~ to부정사 활용)

   in the shape of ~의 모양으로 | bowl 접시 | recognize 알아보다

4. 나는 너무 흥분해서 잠을 이룰 수가 없었다.

   excited 흥분한 | get to sleep 잠을 이루다

5. 그는 오늘 소개팅이 있어서 지금 흥분해 있다.

   have (got) a blind date 소개팅이 있다

day 02 answers

예문 들여다보기 해석
1 그의 부모님 모두가 갑자기 죽는 바람에 그 아이는 스스로 생계를 유지해야 했다. | 2 오늘 행사 일정은 탄력적으로 짜여져 있어서 여러분은 하고 싶은 것을 스스로 결정할 수 있습니다. | 3 그녀가 파리에서 돌아오지 않아 남편이 그녀 대신에 아이들을 돌보아야 했다.

작문 따라잡기 해석
1 There was nothing to eat in the refrigerator, so (that) they went out for dinner. | 2 All employees attended the event, so (that) we couldn't but close the store early. | 3 The hotel was built in the shape of a large bowl, so (that) it was easy to recognize (it) at once. | 4 I was so excited, so that I couldn't get to sleep. | 5 He has a blind date today, so that he is so excited now.

DAY 83 lest ~ should ...

She turned her head away lest her children should see her tears.
아이들에게 눈물을 보이지 **않도록** 그녀는 고개를 멀리 돌렸다.

작문 포인트

lest + 주어 + should ~ : ~하지 않도록, ~할까봐

- 우리말로 하면 일반적으로 "~하지 않도록"이라는 의미로 해석되지만, fear, afraid, anxious 등 두려움이나 걱정을 나타내는 표현들이 앞에 오면 우리말로 "~할까봐서"라는 의미로 해석된다.
- should는 생략이 가능한데, 생략하더라도 주어 다음에 동사원형이 와야 한다.

| 예제 | 우리는 길을 잃지 않도록 능선을 따라 산을 내려왔다.

STEP 1 We came down the mountain
→ 「주어 + 동사 + 목적어」를 먼저 완성한다.

STEP 2 We came down the mountain **along the ridge**
→ 주절의 나머지 부분(부사구)을 완성한다.

STEP 3 We came down the mountain along the ridge **lest we (should) get lost** → lest절도 「주어 + 동사」 어순으로 문장을 완성한다.

↳ 완성된 문장 _ **We came down the mountain along the ridge lest we (should) get lost.**

예문 들여다보기

1. Jane talked to me in a whisper **lest** we **should** be heard.
2. She stepped aside **lest** she **should** be in their way.
3. Richard is constantly fear **lest** the scandal **should** come to light. •• come to light 밝혀지다

1 의사들은 그 총알이 신경 손상을 야기할까봐 그의 몸에서 제거하지 않기로 결정했다.

_____

decide 결정하다 | remove 제거하다 | bullet 총알 | nerve damage 신경손상

2 너는 네 자신을 또 난처하게 하지 않도록 조용히 있는 게 낫다.

_____

keep quiet 조용히 있다 | embarrass 난처하게 하다

3 그의 엄마는 그에게 같은 사고가 일어날까봐 두려워했다.

_____

be afraid 두려워하다 | the same 같은 | happen to ~에게 발생하다

4 그 소녀는 그 낯선 남자가 그녀에게 말을 걸까봐 기겁했다.

_____

be frightened 기겁하다 | strange 낯선 | speak to ~에게 말을 걸다

5 나는 나의 여동생이 나의 비밀을 폭로할까봐 두려웠다.

_____

be afraid 두려워하다 | reveal 드러내다

---

day 03 answers

예문 들여다보기 해석
1 그녀는 우리의 말이 들리지 않도록 내게 작은 소리로 말했다. | 2 그녀는 그들의 통행에 방해가 되지 않도록 옆으로 비켜섰다. | 3 리처드는 그 스캔들이 폭로되지 않을까 하여 계속 두려워하고 있다.

작문 따라잡기 해석
1 Doctors decided not to remove the bullet from his body lest it (should) cause him a nerve damage. | 2 You had better keep quiet lest you should embarrass yourself again. | 3 His mother was afraid lest the same accident (should) happen to him. | 4 The girl became frightened lest the strange man should speak to her. | 5 I was afraid lest my sister should reveal my secret.

DAY 84 Once + 주어 + 동사 ...

Once you accept the other person's opinion, you will probably find the best way to solve the problem.
일단 당신이 상대방의 의견을 **받아들이면**, 아마도 당신의 문제를 해결할 수 있는 가장 좋은 방법을 찾을 수 있을 것이다.

작문 포인트

Once + 주어 + 동사 ... : 일단 ~하면

- 문장을 이끄는 접속사 once는 "일단 ~하면"의 의미로 쓰이며, 부사 once는 '한때', '과거에' 등의 의미로 쓰인다.
- 접속사 once는 주어 앞에 바로 오지만, 부사 once의 경우 대개 조동사나 be동사 뒤, 또는 일반 동사 앞에 오거나 특정한 구를 이루어 문장 앞에 오게 되므로 작문할 때 잘 구분하여 사용한다.

| 예제 | 일단 너의 맏형이 직장을 구하면 형편이 나아질 것이다.

STEP 1 Once your oldest brother gets a job,
→ once절을 「주어 + 동사 ~」 어순으로 먼저 완성한다.

STEP 2 Once your oldest brother gets a job, **things will get better**.
→ 이어지는 절(주절)도 마찬가지로 「주어 + 동사 ~」 어순으로 문장을 완성한다.

↳ 완성된 문장 _ Once your oldest brother gets a job, things will get better.

예문 들여다보기

1. **Once** a new strain appears, it can be spread rapidly.
   • strain 종, 변종

2. **Once** we consume all of oil, it will take millions of years for more oil to reform.

3. **Once** women get botoxed, they have to get repeatedly.

1 일단 북한이 붕괴되면 남북한이 통일될 것이다.

two Koreas 남북한 | be unified 통일되다 | collapse 붕괴되다

2 일단 나의 보스는 무엇을 하기로 결심하면 결코 포기하지 않는다.

determined 결심한 | give up 포기하다

3 일단 우리가 누군가를 의장으로 선출하면, 우리는 향후 4년 동안 그 결과에 책임을 져야 한다.

elect 선출하다 | during ~ 동안 | the next ~ 향후 ~

4 일단 내가 TV를 켜면 그들은 시청하는 것을 멈추지 않는다.

turn on 켜다 | stop -ing ~를 멈추다

5 일단 주제가 결정되면, (그것이) 변경되어선 안 된다.

subject 주제 | decide 결정하다 | change 변경하다

---

day 04 answers

예문 들여다보기 해석
1 일단 새로운 종이 나타나게 되면, 그것은 급격히 확산될 수 있다. | 2 일단 우리가 석유를 모두 써 버린다면 다시 석유가 만들어지는 데 몇 백만 년이 걸릴 것이다. | 3 일단 여자들이 보톡스를 맞으면 반복해서 맞아야 한다.

작문 따라잡기 해석
1 Two Koreas will be unified once North Korea collapses. | 2 Once my boss is determined to do something, he never gives up. | 3 Once we elect someone to be a chairman, we have to be responsible for the results during the next four years. | 4 Once I turn on the TV, they don't stop watching it. | 5 Once the subject is decided, it should not be changed.

조건, 가정 구문

CHAPTER 10

DAY 85 If + 주어 + 동사, 주어 + 조동사 + 동사원형 …

If you **walk** fast, you **can cut** the chance of sleep difficulties by 50 percent. 만약 네가 빨리 걸으면, 수면 문제가 생길 가능성을 50%까지 줄일 수 있다.

작문 포인트

If + 주어 + 동사의 현재형(원형), 주어 + 조동사 + 동사원형 …

- 위와 같이 if절에 동사의 현재형(또는 원형)이 오는 문장을 문법에서 '조건문(가정법현재)'라고 부른다. 이 구문은 현재나 미래의 정해지지 않은 일에 대한 가정, 상상 등을 나타낼 때 쓰는 아주 흔한 표현법이다. 오늘날은 if절에 원형보다는 현재형을 쓰는 경향이 강하다.
- 수절에는 '조동사 +동사원형'이 사용된다. 참고로 조동사 다음에는 반드시 동사원형이 와야 한다.

| 예제 | 당신이 5일 패키지를 선택하면 화요일에 떠날 수 있습니다.

↳ "만약 당신이 5일 패키지를 선택하면"
- **STEP 1** If you choose → if 다음의 「주어 + 동사」를 만든다.
- **STEP 2** If you choose **a 5-day package,**
  → 동사 다음에 올 문장요소를 완성한다.

↳ "(당신은) 화요일에 떠날 수 있습니다."
- **STEP 1** you can leave → 「주어 + 동사」를 먼저 만든다.
- **STEP 2** you can leave **on Tuesday.** → 동사 다음에 올 문장요소를 만든다.

↳ 완성된 문장 _ **If you choose a 5-day package, you can leave on Tuesday.**

예문 들여다보기

1. **If** you **like to listen** to this message again, you **can press** "zero" now.
2. **If** you **keep yelling** for a long time, you **will make** yourself hoarse!
3. Aspirin **can make** you feel better **if** you **have** a headache.

1 만약 그 의자가 너무 높으면 (너는) 너에게 맞도록 그것을 조정할 수 있다.

too 너무 (주로 부정적인 의미) | adjust ~를 조정하다 | suit ~에 맞게 하다

2 만약 네가 현기증이 느껴지면 (너는) 운동을 해선 안 된다.

dizzy 현기증이 나는 | exercise 운동을 하다

3 만약 당신이 이 지역에 거주한다면, (당신은) 무료로 도서관카드를 얻을 수 있습니다.

reside in ~에 거주하다 | area 지역 | library card 도서관 카드 | free of charge 무료로

4 만약 당신이 담보 대출금을 갚지 못하면 은행은 당신 집을 회수할 것입니다.

fail to repay 갚지 못하다 | mortgage 담보대출 | repossess 회수하다

5 만약 당신이 당장 차를 이동시키지 않으면, 나는 당신에게 딱지를 발부할 겁니다.

move ~를 이동시키다 | give ~ a ticket ~에게 (위반)딱지를 발부하다

---

day 05 answers

예문 들여다보기 해석
1 이 메시지를 다시 듣고 싶으면 지금 "0"번을 누르십시오. | 2 오랫동안 소리를 지르면 너는 목이 쉴 것이다. | 3 만약 두통이 있다면 아스피린이 당신의 기분을 나아지게 해줄 수 있다.

작문 따라잡기 해석
1 If the chair is too high, you can adjust it to suit you. | 2 If you feel dizzy, you should not exercise. | 3 If you reside in this area, you can get a library card free of charge. | 4 If you fail to repay the mortgage, the bank will repossess your house. | 5 If you don't move your car now, I will give you a ticket.

DAY 86 If + 주어 + 과거동사/were~, 주어 + 조동사 과거 ...

If I were you, I would write to her rather than try to explain it over the phone. 내가 만약 너라면, 전화로 그것을 설명하기보다는 그녀에게 편지를 쓸 것이다.

작문 포인트

If + 주어 + 과거동사 ~, 주어 + 조동사 과거형 + 동사원형 ... : 만약 ~면 ...했을텐데

- 위와 같이 if절에 과거동사가 오고, 주절에도 조동사의 과거형이 오는 구문을 '가정법과거'라고 부른다.
- '가정법 과거' 표현은 과거가 아닌 현재의 사실을 반대로 가정하거나 실현 가능성이 희박한 것을 상상할 때 쓰이는 문장 형태로서, if절에 be동사가 와야 할 경우는 인칭과 수에 관계없이 were를 쓴다.

| 예제 | 만약 그것이 진짜 미켈란젤로의 그림이면, 수백만 불에 팔릴 것이다.

↳ "만약 그것이 진짜 미켈란젤로의 그림이면"
- **STEP 1** **If it were** → if 다음의 「주어 + 동사」를 만든다.
- **STEP 2** If it were **a genuine Michelangelo's drawing**, → 동사 다음에 올 문장요소를 만든다.

↳ (그것은) 수백만 불에 팔릴 것이다.
- **STEP 1** **it would sell** → 「주어 + 동사」를 먼저 만든다.
- **STEP 2** it would sell **for millions**. → 동사 다음에 올 문장요소를 만든다.

↳ 완성된 문장 _ **If it were a genuine Michelangelo's drawing, it would sell for millions.**

예문 들여다보기

1. **If I talked to** or **looked at** another man, my husband **would get** very angry.
2. I'm sick of those rude men, and **if I were** the employer, I **would find** a way to fire them.

1 내가 만약 네 선생님이라면 너를 심하게 야단칠 것이다.

_____

scold 야단치다 | severely 심하게

2 내가 만약 충분한 사과를 가지고 있다면 사과파이 하나를 만들 수 있을 텐데.

_____

apple pie 사과파이

3 내가 만약 그의 전화번호를 안다면 그에게 무슨 일이 있있는지 말해줄 수 있을 텐데.

_____

phone number 전화번호 | happen 발생하다

4 내가 만약 외계인을 만난다면, 나는 먼저 그와 악수를 할 것이다.

_____

alien 외계인 | shake hands 악수하다

5 우리가 만약 그에게 전말을 말해준다면, 그는 공황상태에 빠질 것이다.

_____

the whole story 전말 | get into a panic 공황상태에 빠지다

day 86 answers

예문 들여다보기 해석
1 내가 만약 다른 남자와 이야기하거나 쳐다보기만 하면 나의 남편은 화를 낼 것이다. | **2** 저는 그런 무례한 남자들에게 질린 사람입니다. 그리고 제가 만약 사장이라면 그들을 해고할 방법을 찾아낼 겁니다.

작문 따라잡기 해석
1 If I were your teacher, I would scold you severely. | **2** If I had enough apples, I could make an apple pie. | **3** If I knew his phone number, I could tell him what happened. | **4** If I met an alien, I would shake hands with it. | **5** If we told him the whole story, he would get into a panic.

If + 주어 + had p.p. ~, 주어 + 조동사 과거형 + have p.p.

If you had warned us about the bad weather, I could have brought a raincoat. 네가 만약 날씨가 안 좋다는 것을 알려줬더라면, 내가 비옷을 가져왔을 텐데.

If + 주어 + had p.p.~, 주어 + 조동사 과거 + have p.p. : 만약 ~했더라면 …했을 텐데

- 위의 구문은 과거 사실을 반대로 가정할 때 쓰는 표현으로서, '가정법 과거완료'라고 부른다.
- 앞 장에서도 볼 수 있듯이, 가정법에서는 실제 사실을 반대로 가정하거나 상상할 때는 시제를 한 칸 더 과거로 쓴다는 특징이 있다. 그러므로 이 표현법에서도 과거 사실에 대한 반대 가정을 나타내기 위해 과거완료(had p.p.)를 쓰고 있다.

| 예제 | 네가 만약 금연을 했더라면, 너의 위궤양이 더 악화되지는 않았을 것이다.

┗ "네가 만약 금연을 했더라면"
- **STEP 1** If you had stopped → if 다음이 「주어 + 동사」를 만든다.
- **STEP 2** If you had stopped **smoking**, → 동사 다음에 올 문장요소를 완성한다.

┗ "너의 위궤양이 더 악화되지는 않았을 것이다."
- **STEP 1** your ulcer wouldn't have gotten → 「주어 + 동사」를 먼저 만든다.
- **STEP 2** your ulcer wouldn't have gotten worse.
  → 동사 다음에 올 문장요소를 만든다.

┗ 완성된 문장 _ If you had stopped smoking, your ulcer wouldn't have gotten worse.

예문 들여다보기

1. **If** he **had taken** on the role of the detective, it **would have been** better.
2. **If** she **had seen** the doctor right away, she **wouldn't have died** then.

1 만약 그녀가 더 일찍 도착했더라면 그녀는 우리와 합류했을지도 모른다.

arrive 도착하다 | join ~ ~와 합류하다

2 내가 만약 거기에 있었더라면 그에게 모든 진실을 말했을 것이다.

the truth 진실

3 내가 만약 너의 충고를 따랐더라면, 나는 그 게임을 이겼을 것이다.

follow 따르다 | advice 충고 | win ~ ~에서 이기다

4 네가 만약 택시를 탔더라면 네 비행기를 놓치지 않았을 것이다.

take a taxi 택시를 타다 | miss 놓치다

5 만약 제가 당신을 봤더라면 인사를 했을 것입니다.

say hello 인사를 하다

DAY 87 answers

예문 들여다보기 해석
1 그가 만약 형사 역할을 맡았더라면 더 좋았을 텐데. | 2 그녀가 바로 의사에게 갔더라면 그때 죽지 않았을 텐데.

작문 따라잡기 해석
1 If she had arrived earlier, she might have joined us. | 2 If I had been there, I would have told him all the truth. | 3 If I had followed your advice, I would have won the game. | 4 If you had taken a taxi, you wouldn't have missed your plane. | 5 If I had seen you, I would have said hello.

DAY 88 If 생략(도치구문)

Had I been in your position, I **would have accepted** their offer.
내가 만약 네 입장이었다면 나는 그들의 제안을 받아들였을 것이다.

작문 포인트

가정법 문장의 if 생략 → 「주어 + 동사」 도치

- 앞 장에서 공부한 가정법 문장을 간소화하기 위해 if를 생략할 경우 if절의 주어와 동사가 도치된다.
- if가 생략된 절은 주절 뒤로 가지 않고 주로 앞으로 온다.

| 예제 | 네가 만약 그 노인을 도와주었더라면, 너는 그의 재산을 물려받았을 것이다.

 └ "네가 만약 그 노인을 도와주었더라면"
  - **STEP 1** Had you helped → if를 생략하고 「동사 + 주어」를 먼저 만든다.
  - **STEP 2** Had you helped **the old man**, → 동사 다음에 올 문장요소를 완성한다.

 └ "너는 그의 재산을 물려받았을 것이다."
  - **STEP 1** you would have inherited → 「주어 + 동사」를 먼저 만든다.
  - **STEP 2** you would have inherited **his property**. → 동사 다음에 올 문장요소를 만든다.

└ 완성된 문장 _ Had you helped the old man, you would have inherited his property.

예문 들여다보기

1. **Were I** the professor, I would be afraid to release such a report. •• release 발표하다
2. **Hadn't he** succeeded in his last shooting, our team would not have won the game.
3. **Had they** realized the danger, they would have done it differently.

1 내가 만약 너라면, 그런 일을 하기 위해 내 시간을 낭비하지 않을 것이다.

waste one's time 시간을 낭비하다 | such 그런

2 내가 만약 그녀를 초대했었다면, 그녀는 그 파티에 왔을 것이다.

invite ~를 초대하다

3 내가 만약 그의 강의가 그렇게 지루한지 알았더라면, 나는 그곳에 가지 않았을 것이다.

lecture 강의 | boring 지루한
※ 가정법 문장 안에서도 사실이 아닌 내용은 종속절은 정상적인 시제를 사용한다.

4 내가 만약 그의 주소를 알면, 너에게 알려줄 텐데.

address 주소 | let ~ know ~에게 알려주다

5 만약 그녀가 불을 지른 사람을 보았다면, 그녀는 경찰에 신고했을 것이다.

set fire 불을 지르다

day 88 answers

예문 들여다보기 해석
1 내가 만약 그 교수라면 그런 보고서를 내놓는 것이 두려울 것이다. | 2 그가 만약 마지막 사격에서 성공하지 않았다면 우리 팀은 그 경기에서 이기지 못했을 것이다. | 3 그들이 만약 그 위험을 알았더라면 그것을 다르게 처리했을 것이다.

작문 따라잡기 해석
1 Were I you, I wouldn't waste my time for doing such a thing. | 2 Had I invited her, she would have come to the party. | 3 Had I known his lecture was so boring, I wouldn't have gone there. | 4 Did I know his address, I would let you know it. | 5 Had she seen who set fire, she would have reported to the police.

DAY 89 I wish + 가정법

I wish I had a girlfriend to spend weekends with.
주말을 같이 보낼 여자 친구가 있으면 좋으련만.

가정법과거 – I wish (that) 주어 + 과거동사 : ~하면 좋을 텐데
가정법과거완료 – I wish (that) 주어 + had p.p. : ~했으면 좋았을 텐데

- If절에서 현재의 사실을 반대로 가정할 때 시제를 과거로 했던 것처럼, I wish 다음에 '주어 + 과거동사'가 오면 가정법 표현의 일종으로서 현재의 실현될 수 없는 소망을 가정하는 문장이 된다.
- 과거 사실에 대해 실현될 수 없었던 소망을 가정할 때는 I wish 다음에 '주어 + had p.p.'가 온다.

| 예제 | 혼잡한 대도시에서 벗어날 수만 있다면 좋으련만.

STEP 1 I wish I could get away
→ I wish 다음의 「주어 + 동사(구)」를 먼저 만든다. 현재의 실현될 수 없는 소망을 나타내므로 I wish 다음에 과거동사가 온다.(가정법 과거)

STEP 2 I wish I could get away **from the big crowded city**
→ 동사 다음에 올 문장요소를 연결한다.

└ 완성된 문장 _ I wish I could get away from the big crowded city.

예문 들여다보기

1. **I wish I had** my own house however humble it might be.
2. **I wish I could go** to Mike's farewell party.
3. **I wish we had known** the truth before he left our village.

1 내가 새처럼 날 수 있으면 좋을 텐데.

_____

fly 날다

2 내가 미리 돈을 좀 저축했더라면 좋았을 텐데.

_____

save money 돈을 저축하다 | beforehand 미리

3 누군가가 나에게 그 물로 이빨을 닦지 말라고 경고했더라면 좋았을 텐데.

_____

warn 경고하다 | brush one's tooth 이빨을 닦다

4 그들이 나의 부모이면 좋을 텐데.

_____

parents 부모

5 그가 그 다리를 건너지 않았더라면 좋았을 텐데.

_____

cross 건너다 | bridge 건너다

---

answers

예문 들여다보기 해석
1 아무리 초라하더라도 내 집이 하나 있으면 좋을 텐데. | **2** 내가 마이크의 송별회에 갈 수 있으면 좋을 텐데. | **3** 그가 우리 마을을 떠나기 전에 우리가 진실을 알았더라면 좋았을 텐데.

작문 따라잡기 해석
1 I wish I could fly like a bird. | **2** I wish I had saved some money beforehand. | **3** I wish someone had warned me not to brush my teeth with the water. | **4** I wish they were my parents. | **5** I wish he had not crossed the bridge.

DAY 90 as if [as though] ...

She described the scene as if she had been there herself.
그녀는 마치 자신이 직접 그곳에 있었던 것처럼 그 장면을 묘사했다.

작문 포인트

가정법과거 – 주절 + as if 주어 + 과거동사 : 마치 ~인 것처럼
가정법과거완료 – 주절 + as if 주어 + had p.p. : 마치 ~했던 것처럼

- 현재 또는 과거에 대해 사실과 전혀 다른 행동이나 말을 비유할 때 쓰는 가정법 표현으로서 as if 대신 as though를 쓰기도 한다.
- 다른 가정법 표현들과 마찬가지로, 현재 사실에 대하여 가정할 때는 as if 다음에 '주어 + 과거동사'가 오며, 과거 사실에 대해 가정할 때는 as if 다음에 '주어 + had p.p.'가 온다.

| 예제 | 그는 항상 자신이 그녀에 대해 모든 걸 아는 것처럼 얘기한다.

STEP 1 He always talks → 「주어 + 동사(구)」를 먼저 만든다.
STEP 2 He always talks **as if he knew**
→ as if 다음의 「주어 + 동사(구)」를 만든다. 현재의 사실에 대한 가정이므로 as if 다음에 과거동사가 온다. (가정법 과거)
STEP 3 He always talks as if he knew **everything about her**
→ 동사 다음에 올 부사(구)를 완성한다.

└ 완성된 문장 _ He always talks as if he knew everything about her.

예문 들여다보기

1. Your brother talks **as if** he **were** an expert in psycho-analysis.
2. He spoke **as if** he **had been engaged** in an antinuclear campaign.
3. He looked at her **as if** he **had** never **seen** her before.

1 그는 마치 자신이 외환시장에 전문가인 것처럼 얘기한다.

___

specialist 전문가 | foreign exchange market 외환시장

2 그녀는 그 소년을 마치 자신의 아들인 것처럼 보살핀다.

___

take care of 보살피다 | one's own~ 자신의~

3 그 여자는 마치 자기가 고급 맨션을 소유한 것처럼 말한다.

___

speak 말하다 | possess 소유하다 | luxury mention 고급 맨션

4 그녀는 마치 그 유령을 봤던 것처럼 말한다.

___

look ~처럼 보이다 | ghost 유령

5 그는 마치 자기가 월남전에 참전했던 것처럼 말한다.

___

serve in ~에 참전하다 | the Vietnam War 월남전

---

day 90 answers

예문 들여다보기 해석
1 네 형은 마치 심리분석에 전문가인 것처럼 말한다. | 2 그는 마치 자신이 비핵화 운동에 참여했던 것처럼 말했다. | 3 그는 마치 전에 그녀를 본 적이 없다는 표정으로 그녀를 쳐다보았다.

작문 따라잡기 해석
1 He talks as if he were a specialist in the foreign exchange market. | 2 She takes care of the boy as if the boy were her own son. | 3 She speaks as if she possessed a luxury mention. | 4 She talks as if she had seen the ghost. | 5 He speaks as if he had served in the Vietnam War.

DAY 91 But for ~

But for the severe storm, they **would have reached** the top of the mountain. 그 혹독한 폭풍우가 **없었더라면** 그들은 산 정상에 올랐을 것이다.

작문 포인트

But for + 명사/-ing, 주어 + 조동사 과거 + 동사원형 ... : ~이 없다면
But for + 명사/-ing, 주어 + 조동사 과거 + have p.p. ... : ~이 없었더라면

- If 가정법 문장에서 "~이 없다면" 또는 "~이 없었더라면"이라는 뜻을 나타내기 위해 "if ~" 형태로 길게 문장을 만들지 않고 간편하게 but for를 대신 쓴 표현이다.
- 가정법과거 문장에서는 "If it were not for ~(만약 ~이 없다면)" 대신, 가정법 과거완료 표현에서는 "If it had not been for ~(만약 ~가 없었더라면)"을 대신하여 but for을 쓴 것이다. but for 대신 without을 사용하기도 한다.

| 예제 | 음악이 없었다면 세상은 지루한 곳이 되었을 것이다.

STEP 1   But for music, → 「but for + 목적어」를 먼저 만든다.

STEP 2   But for music, **the world would have been**
→ 주절의 「주어 + 동사(구)」를 만든다. 가정법 과거완료 구문이므로 "과거조동사 + have p.p."가 동사구로 온다.

STEP 3   But for music, the world would have been **a dull place**.
→ 동사 다음에 올 문장요소를 완성한다.

└ 완성된 문장 _ But for music, the world would have been a dull place.

예문 들여다보기

1. **But for** (Without) newspapers, we could not know what is going on in the world.
2. **But for** my family, I could not live even a day.
3. **But for** the accident, we should have been there on time.
4. **But for** your contributions over the years, we would not have been successful in the project.

1 저 코코야자수들이 없다면, 풍경은 우리나라의 시골 지역들과 같을 것이다.

coconut palm 코코야자수 | landscape 풍경 | rural area 시골지역

2 Chad는 그의 가장 친한 친구인 Neil이 없다면 고립되고 무기력한 느낌을 가질 것이다.

feel ~하게 느끼다 | isolated 고립된 | helpless 무기력한

3 공기가 없다면 이 행성(지구)에 있는 모든 생물들은 죽어버릴 것이다.

living thing 생물 | planet 행성 | die 죽다

4 그녀의 신속한 결정이 없었더라면 나는 익사했을지도 모른다.

quick 신속한 | decision 결정 | be drown 익사하다

5 남북전쟁이 없었더라면 Judy는 나와 결혼했었을 것이다.

the Civil War 남북전쟁 | get married with ~와 결혼하다

---

day 01 answers

예문 들여다보기 해석
1 신문이 없다면 우리는 세상에서 무슨 일이 일어나고 있는지 알 수 없을 것이다. | 2 나의 가족이 없다면 나는 하루도 살 수 없을 것이다. | 3 그 사고가 없었더라면 우리는 정각에 거기에 도착했을 것이다. | 4 수년간 당신의 기여가 없었더라면 우리는 그 프로젝트를 성공하지 못했을 것입니다.

작문 따라잡기 해석
1 But for those coconut palms, the landscape would be like the rural areas in our country. | 2 But for his best friend, Neil, Chad would feel isolated and helpless. | 3 But for air, all living things on this planet would die. | 4 But for her quick decision, I might have been drowned. | 5 But for the Civil War, Judy would have got married with me.

DAY 92 in case (that) ... / in case of + 명사/-ing

In case of raining, the game will be called off.
우천 시에는 경기가 연기된다.

in case (that) + 주어 + 동사 ~ : ~할 경우에
in case of + 명사/-ing : ~의 경우

- 이 구문은 "~할 경우"라는 조건을 나타낼 때 빈번히 사용되는 표현이다.
- in case 다음에는 that절이 온다. 단, 구어체에서 that은 흔히 생략한다.
- of는 전치사이므로 in case of 다음에는 반드시 명사 또는 동명사(~ing)가 와야 한다.

| 예제 | 일손이 부족할 경우, 당신은 인사과에 연락해야 합니다.

STEP 1 In case of a labor shortage, → 「in case of + 명사」를 먼저 만든다.
STEP 2 In case of a labor shortage, **you have to contact**
→ 「주어 + 동사(구)」를 완성한다.
STEP 3 In case of a labor shortage, you have to contact **the personnel section.** → 동사 다음에 올 문장요소를 완성한다.

↳ 완성된 문장 _ In case of a labor shortage, you have to contact the personnel section.

예문 들여다보기

1. **In case that** you are in trouble, please feel free to call me.
2. **In case that** you want to move out, give me a notice a month earlier
3. **In case of** emergency, we should quickly find a means of escape.

1 최악의 상황이 발생할 경우, 우리는 사방으로 흩어졌다가 내일 다시 모일 것이다.

_____

the worst 최악의 | scatter far and wide 사방으로 흩어지다 | get together 모이다

2 외국에서 길을 잃을 경우, 너는 지체 없이 한국대사관으로 가야 한다.

_____

get lost 길을 잃다 | abroad 외국에서 | Embassy 대사관 | without delay 지체 없이

3. 화재의 경우 이 상자가 맨 먼저 늘어내셔야 한다.

_____

take out 들어내다 | first of all 맨 먼저

4 동점의 경우, 게임은 연장전으로 들어갈 수 있다.

_____

a tie 동점 | go into overtime 연장전으로 들어가다

5 부정행위의 경우 회사는 그 직원을 해고힐 수 있다.

_____

misconduct 부정행위 | dismiss 해고하다 | employee 직원

예문 들여다보기 해석
1 만일 당신에게 곤란한 일이 있을 경우에는 부담 없이 저에게 전화주세요. | 2 이사를 원할 경우, 한 달 전에 미리 통보해주세요. | 3 위급상황의 경우, 우리는 재빨리 피난할 방법을 찾아야 한다.

작문 따라잡기 해석
1 In case that the worst situation happens, we will scatter far and wide and get together again tomorrow. | 2 In case that you get lost abroad, you must go to the Korean Embassy without delay. | 3 In case of fire, this box must be taken out first of all. | 4 In case of a tie, the game can go into overtime. | 5 In case of misconduct, the company can dismiss the employee.

CHAPTER 11

비교 구문

DAY 93 as ~ as ... / not so(as) ~ as ...

The mercury has dipped as low as 10 degrees below zero in Seoul today.
수은주가 서울에서는 오늘 영하 10도**만큼이나 낮게** 내려갔다.

> as ~ as ... : ··· 만큼 ~ 한/하게
> not so(as) ~ as ... : ··· 만큼 ~하지는 않은

- 말하고자 하는 대상을 비교해서 묘사할 때 쓰는 아주 유용한 표현으로서, as(so)와 as 사이에 형용사 또는 부사의 원형을 넣어서 "··· 만큼 ~하다/하지는 않다"라는 의미를 전달한다.
- "as ~ as" 뒤에 오는 내용은 앞에서 말하고자 하는 대상과 비교할 수 있는 형태이면 품사에 구애 받지 않고 올 수 있다.
- "as ~ as possible(= as ~ as one can)"은 관용표현으로서 "가능한 한 ~한/하게"라는 의미로 쓰인다.

| 예제 | 이 문제는 네가 생각하는 것만큼 단순하지 않다.

STEP 1 This problem is → 「주어 + 동사」를 먼저 만든다.
STEP 2 This problem is **not as simple as**
→ 「not as ~ as」를 완성한다.
STEP 3 This problem is not as simple as **you think**.
→ as 다음에 오는 부분을 완성한다.

↳ 완성된 문장 _ **This problem is not as simple as you think.**

예문 들여다보기

1. The punctured tire was **as** flat **as** a pancake.
2. Children tried to catch **as** many leaves **as** they can in one hand.
3. He is **not so** a promising lawyer **as** his brother.
4. She was **not as** arrogant **as** I had imagined.

1 나는 나의 말이 거의 자동차만큼 빨리 달릴 수 있기 때문에 좋아한다.

_____

horse 말 | almost 거의 | fast 빠르게

2 그녀는 부모님만큼 자기를 사랑하는 사람이 없다는 것을 깨달았다.

_____

realize 깨닫다 | no one ~ 아무도 ~않다

3 가능한 한 높이 팔을 쭉 뻗으세요.

_____

stretch 쭉 뻗다

4 내 사무실은 너희 것만큼 넓지는 않다.

_____

large 넓은

5 이번 연극의 줄거리는 지난번 것만큼 복잡하지는 않다.

_____

plot 줄거리 | play 연극 | complicated 복잡한

day 93 answers

예문 들여다보기 해석
1 펑크 난 타이어는 팬케이크만큼이나 납작했다. | **2** 아이들은 한 손에 가능한 많은 나뭇잎을 잡으려고 노력했다. | **3** 그는 그의 형만큼 전도유망한 변호사는 아니다. | **4** 그녀는 내가 상상한 것만큼 거만하지는 않았다.

작문 따라잡기 해석
1 I like my horse because it can run almost as fast as a car. | **2** She realized that no one loved her as much as her parents do. | **3** Stretch your arms as high as you can. | **4** My office is not as large as yours. | **5** The plot of this play is not so complicated as the last one.

DAY 94
배수 + as ~ as ... / 배수 + 비교급 + than ...

People who are often angry are **five times as** likely to die early **as** people with a peace of mind. 화를 자주 내는 사람들은 마음이 평온한 사람들보다 **5배만큼이나** 일찍 죽는 경향이 있다.

작문 포인트

배수 + as ~ as ... : … 배 만큼 ~ 한/하게
배수 + 비교급 + than ... : … 배 만큼 ~ 한/하게

- 앞 장에서 공부한 "as ~ as" 또는 "비교급 + than" 비로 앞에 배수를 넣어 "…배 만큼 ~한/하게"라는 의미를 나타낸 표현이다.
- 즉, 가장 흔히 쓰이는 비교 표현 바로 앞에 배수를 넣어 비교 정도를 구체화한 구문이다.

| 예제 | '태극기 휘날리며'가 그 영화보다 10배는 더 감동적이다.

STEP 1 'The Brotherhood' is → 「주어 + 동사」를 먼저 만든다.
STEP 2 'The Brotherhood' is **ten times more impressive than**
→ 비교 부분(배수 + 비교급 + than)을 완성한다.
STEP 3 'The Brotherhood' is ten times more impressive than **the film**.
→ than 다음에 오는 내용을 완성한다.

완성된 문장 _ The Brotherhood is ten times more impressive than the film.

예문 들여다보기

1. Due to high costs and small scale of farming, Korean beef is at least **twice as** expensive **as** imported beef.
2. Your salary is almost five **times as** much **as** the average workers earn in this country.
3. Many people believe that the turtle lives **twice longer than** the elephant.

1 헬륨은 기의 수소의 두 배만큼 밀도가 높다. (as ~ as 사용)

_____

Helium 헬륨 | dense 밀도가 높은 | hydrogen 수소

2 인도는 대략 미국의 세 배만큼 많은 인구를 가지고 있다. (as ~ as 사용)

_____

India 인도 | about 대략 | large 큰 | population 인구

3 이 장대는 너의 것보다 1.5배는 더 길다. (비교급 사용)

_____

pole 장대 | one and a half times 1.5배

4 이 공원은 하이드 파크보다 두 배는 더 넓다. (비교급 사용)

_____

large 넓은 | Hyde park 하이드 파크

5 내 휴대폰은 너의 것보다 4배는 더 저렴할 것이다. (비교급 사용)

_____

mobile phone 휴대폰 | might be ~일 것이다 | cheap 저렴한

day 94 answers

예문 들여다보기 해석
1 고비용과 작은 축산 규모로 인해, 한우는 최소한 수입품의 두 배만큼 비싸다. | **2** 내 월급은 기의 이 나라 평균 근로자 월급의 세 배만큼이나 많다. | **3** 많은 사람들은 거북이가 코끼리보다 두 배만큼 더 오래 산다고 믿는다.

작문 따라잡기 해석
1 Helium is almost twice as dense as hydrogen. | **2** India has about three times as large population as the United States (do). | **3** This pole is one and a half times longer than yours. | **4** This park is twice larger than Hyde Park. | **5** My mobile phone might be four times cheaper than yours.

DAY 95 as[so] long as ~ / as[so] far as ~

Your age is not important as long as you show your interest in the job.
당신이 그 일에 관심을 **보이는 한** 당신의 나이는 중요하지 않습니다.

작문 포인트

as(so) long as ~ : ~하는 한(제한), ~하는 동안은
as(so) far as ~ : ~하는 한(제한), ~하는 한 멀리까지

- 위의 두 표현은 주로 "~하는 한"이라는 제한의 의미를 둘 때 사용한다.
- 간혹, 부장의 전후 관계에 따라 "as ~ as…" 표현을 그대로 직역하여 "~하는 동안", "~만큼 멀리"의 의미로 쓰이도 한다.
- "as(so) far as ~ be concerned"는 "~에 있어서는", "~에게는" 등의 구체적 한정 의미를 나타낼 때 쓴다.

| 예제 | 네가 편하게 느끼는 한 (너는) 우리와 함께 지내도 좋다.

STEP 1 As long as you feel comfortable,
→ 「주어 + 동사」를 먼저 찾아 as long as절을 완성한다.

STEP 2 As long as you feel comfortable, you can stay
→ 주절의 「주어 + 동사」를 만든다.

STEP 3 As long as you feel comfortable, you can stay **with us**.
→ 동사 다음의 문장요소를 완성한다.

↳ 완성된 문장 _ As long as you feel comfortable, you can stay with us.

예문 들여다보기

1. **As long as** you don't eat too much, you may eat whatever you like.
2. **As far as** I know, he is the last man to tell a lie. •• last 결코 ~할 것 같지 않은
3. **As far as** math is concerned, he is second to none.
4. It's a totally different issue **as far as** I'm concerned.

작문 따라 잡기

1. 그녀의 건강이 허락하는 한, 그녀는 사격을 계속할 것을 약속했다.

   _____

   pledge 서약하다 | shooting 사격 | allow ~을 허락하다

2. 네가 조용히 있는 한, 너는 여기에 머물러도 좋다.

   _____

   stay 머무르다 | keep quiet 조용히 하다

3. 사람들이 나의 음악을 좋아하는 한, 나는 노래하는 것을 멈추지 않을 것이다.

   _____

   stop ~ing ~하는 것을 멈추다

4. 내가 기억하는 한, 그는 생각 없는 사람이 아니었다.

   _____

   thoughtless 생각 없는

5. 내가 아는 한, 그는 악한 사람이 아니다.

   _____

   wicked man 사악한 사람

---

day 95 answers

예문 들여다보기 해석
1 너무 많이 먹지 않는 한 네가 좋아하는 무엇이든 먹어도 좋다. | 2 내가 아는 한 그는 결코 거짓말할 사람이 아니다. | 3 수학에 관해서는, 그는 누구한테도 지지 않는다. | 4 나에게는 그것은 완전히 별개의 문제이다.

작문 따라잡기 해석
1 As long as her health allows it, she pledged to continue shooting. | 2 As long as you keep quiet, you may stay here. | 3 As long as people like my music, I won't stop singing. | 4 As far as I remember, he was not a thoughtless man. | 5 As far as I know, he is not a wicked man.

DAY 96 비교급 + than any other ~

Singapore has shown a higher earning rate than any other city.
싱가포르는 다른 어느 도시들보다도 높은 수익률을 보였다.

작문 포인트

비교급 + than any other ~ : 다른 어느 ~보다 더 …한/하게

- 비교급을 사용하여 최상급(가장 ~하다)의 의미를 더 강하고 세련되게 어필하기 위해 사용하는 표현이다.
- 말하고자 하는 대상과 than any other 뒤에 오는 비교 대상이 반드시 같은 성질과 형태를 가진 표현이어야 한다.

| 예제 | 저 오래된 상가가 다른 어느 건물보다도 위태롭습니다.

STEP 1 That old shopping center is → 「주어 + 동사」를 먼저 만든다.

STEP 2 That old shopping center is **more insecure**
→ 동사 다음의 문장요소(비교급)를 만든다.

STEP 3 That old shopping center is more insecure **than any other building.** → than 이하를 완성하다

└ 완성된 문장 _ That old shopping center is more insecure than any other building.

예문 들여다보기

1. This drama was **more** interesting **than any other** one I have seen recently.
2. Koreans work **longer** hours per year **than any other** industrialized country.
3. Soccer is a **more** national sport **than any other** sport.

230 직감(直感) 영작문

작문 따라잡기

1 상식은 사회생활에서 다른 어느 것보다도 더 중요하다.

common knowledge 상식 | social life 사회생활

2 토성의 고리들은 다른 어느 행성의 고리들보다 더 크고 더 밝다.

Saturn 토성 | ring 고리 | bright 밝은 | planet 행성

3 그 정육점은 다른 어느 가게보다 더 효과적으로 돼지고기를 생산한다.

produce 생산하다 | pork 돼지고기 | efficiently 효과적으로

4 그녀는 우리 회사에서 다른 어느 동료보다도 고집이 세다.

stubborn 고집 센 | coworker 동료

5 그는 체육관에서 다른 어느 선수보다도 더 오래 연습을 한다.

practice 연습(훈련)하다 | gym 체육관

---

day 96 answers

예문 들여다보기 해석
1 이 드라마는 내가 최근에 본 다른 어느 드라마보다 재미있었다. | **2** 한국인들은 다른 어느 산업화된 국가보다도 연간 더 오랜 시간을 일한다. | **3** 축구는 다른 어느 종목보다도 더 국민 스포츠이다.

작문 따라잡기 해석
1 Common knowledge is more important than any other thing in a social life. | **2** Saturn's rings are bigger and brighter than any other planet's rings. | **3** The butcher's shop produces porks more efficiently than any other shop. | **4** She is more stubborn than any other coworker in our company. | **5** He practices longer than any other player in the gym.

Nothing is + 비교급 + than

Nothing is worse **than** being without water.

물이 없는 것보다 더 끔찍한 것은 없다.

Nothing is + 비교급 + than ~ : ~보다 더 …한 것은 없다

- 부정어인 nothing을 이용해 최상급의 의미를 최대한 강조한 표현이다. 여기서는 than 이하에 오는 내용이 바로 강조할 대상이다.
- 앞 장에서는 두 개의 비교 대상이 구체적으로 제시되지만, 이 표현의 경우는 nothing이 주어로 오기 때문에 than 뒤에는 명사의 성질을 대신할 수 있는 다양한 표현(구, 절 포함)이 올 수 있다.

| 예제 | 더운 여름날 아이스크림보다 더 상쾌한 것은 없다.

STEP 1 **Nothing is more refreshing** → 「주어 + 동사 + 비교급」을 먼저 만든다.

STEP 2 Nothing is more refreshing **on a hot summer day**
→ 나머지 문장요소(부사구)를 완성한다.

STEP 3 Nothing is more refreshing on a hot summer day **than ice cream**. → than 이하(강조할 대상)를 완성한다

└ 완성된 문장 _ Nothing is more refreshing on a hot summer day than ice cream.

예문 들여다보기

1. **Nothing is** more dangerous **than** the destruction of the traditional framework.

2. **Nothing is** worse **than** smelling smoke from a cigar while eating dinner.

3. **Nothing is** more disappointing **than** the poor work of a good craftsman. •• craftsman 장인

1 그 당시에 나의 딸을 구하는 것보다 더 중요한 것은 없었다.

save 구하다 | at that time 그 당시

2 그의 실패보다 더 예측 가능한 것은 없다.

predictable 예측 가능한 | failure 실패

3 할머니가 나에게 만들어주신 그 담요보다 더 편안한 것은 없다.

comfortable 편안한 | blanket 담요

4 나에게는, 돈보다 더 소중한 것은 없다.

precious 소중한

5 기차 위에서 키스하는 것보다 더 낭만적인 것은 없다.

romantic 낭만적인

---

day 97 answers

예문 들여다보기 해석
1 전통적인 틀을 파괴하는 것보다 더 위험한 것은 없다. | 2 식사할 때 담배 연기를 맡는 것보다 더 최악은 없다. | 3 훌륭한 장인이 만든 질 나쁜 작품보다 더 실망스러운 것은 없다.

작문 따라잡기 해석
1 Nothing was more important than saving my daughter at that time. | 2 Nothing is more predictable than his failure. | 3 Nothing is more comfortable than the blanket grandmother made (for) me. | 4 For me, nothing is more precious than money. | 5 Nothing is more romantic than kissing in the train.

DAY 98 the + 비교급 ~, the + 비교급 ...

The sooner you start saving for your retirement, **the more** you will have when you retire. 당신이 퇴직을 위한 저축을 **더 일찍 할수록** 퇴직할 때 (돈을) **더 많이** 가지게 된다.

작문 포인트

the 비교급 ~, the 비교급 ... : 더 ~하면 할수록, 더 ...하다

- 문장 맨 앞으로 나오게 된 'the + 비교급 + (명사)'는 뒤에 있던 보어 또는 부사가 주어 앞으로 온 것이므로 「the + 비교급 + 주어 + 동사」 어순에 유의해서 작문한다.
- 앞으로 나온 형용사의 비교급이 문장 안에서 꾸며주던 명사는 앞으로 함께 따라 나와야 정확한 문장이 된다.

| 예제 | 생각을 더 빠르게 하면 할수록 더 많은 칼로리를 소비하게 된다.

STEP 1 The faster → 「the + 비교급」을 만든다.
STEP 2 The faster you think, → 그 뒤에 오는 「주어 + 동사」를 완성한다.
STEP 3 The faster you think, **the more calories**
→ 두 번째 절의 「the + 비교급 ~」을 만든다. 이때 형용사의 비교급에 딸려오는 명사도 함께 본다.
STEP 4 The faster you think, the more calories **you burn**.
→ 그 뒤에 오는 「주어 + 동사」를 완성한다.

└ 완성된 문장 _ The faster you think, the more calories you burn.

예문 들여다보기

1. **The more** contact you have with others, **the more** ideas you can exchange.

2. **The more** you stay indoors with an air conditioner during the hot season, **the more** you'll suffer from the heat.

3. **The more** you deny the truth, **the more** foolish you will seem.

1 우리가 공부를 더 많이 할수록 우리는 우리의 부지함을 더 많이 발견한다.

_____

discover 발견하다 | ignorance 무지

2 물가가 더 높이 오를수록 일꾼들은 더 많은 돈을 요구한다.

_____

prices 물가 | rise(오르다)-rose-risen | ask for 요구하다

3 그녀가 그것에 대하여 더 많이 생각할수록 그녀는 더 우울해졌다.

_____

depressed 우울한 | become ~되다

4 내가 그것에 대해 더 많이 생각할수록 (나는) 더 혼란스러워지게 된다.

_____

think about ~에 대해 생각하다 | get confused 혼란스럽게 되다.

5 너는 더 높이 오르면 오를수록 더 춥게 느낄 것이니.

_____

climb(=go up) 오르다

---

day 98 answers

예문 들여다보기 해석
1 네가 다른 사람들과 더 많은 접촉을 가질수록 더 많은 아이디어들을 교환할 수 있다. | 2 더운 시기에 에어컨과 함께 실내에 더 머무를수록 더위를 더 타게 된다. | 3 네가 진실을 더 많이 부정할수록 너는 더 멍청해 보일 것이다.

작문 따라잡기 해석
1 The more we study, the more we discover our ignorance. | 2 The higher prices rise, the more money workers ask for. | 3 The more she thought about it, the more depressed she became. | 4 The more I think about it, the more confused I got. | 5 The higher you climb, the colder you will feel.

DAY 99 that(those) of ~

The climate of Korea is milder than that of England.
한국의 기후는 영국의 **기후**보다 온화하다.

작문 포인트

명사의 반복 사용 → that(those) of ~

- 비교급 문장 등에서 앞에 사용된 명사가 형태와 의미를 그대로 해서 반복 사용될 경우, 단수일 때는 that, 복수일 때는 those로 대신한다.
- 앞에서 언급한 것을 지칭하는 대명사 it과는 그 쓰임이 다르다. 주로 소유격 또는 전치사 앞에서 동일한 역할을 그대로 요구하는 비교 구문 등에서 쓰이는 표현이다.

| 예제 | 일본의 인구는 한국의 인구보다 훨씬 더 크다.

STEP 1 The population of Japan is → 「주어 + 동사」를 먼저 만든다.

STEP 2 The population of Japan is **much larger than**
→ 동사 뒤에 오는 「비교급 + than」을 완성한다.

STEP 3 The population of Japan is much larger than **that of Korea**.
→ than 뒤에 오는 내용(비교 대상)을 완성한다.

완성된 문장_ The population of Japan is much larger than that of Korea.

예문 들여다보기

1. The local crops have fewer calories than **those of** other regions.
2. His ideas look a lot better than **those of** his critics. •• critic 비평가
3. In 1995, women's average age was lower than **that of** men by 2 years.

1 토끼의 귀들은 고양이의 귀들보다 더 길다.

ear 귀 | rabbit 토끼

2 영어의 문법은 다른 언어들의 문법보다 쉽다.

grammar 문법 | language 언어

3 이 동물의 수명은 거북이의 수명보다 훨씬 더 길다.

life span 수명 | turtle 거북이

4 한국의 경제 성장은 다른 아시아 국가들의 경제성장보다 더 느리다.

economic growth 경제성장 | slow 느린

5 그것의 대기는 지구의 대기보다 더 얇다.

atmosphere 대기 | thin 얇은

day 99 answers

예문 들여다보기 해석
1 그 지방의 작물들은 다른 지역의 작물들보다 더 적은 칼로리를 가지고 있다. | 2 그의 아이디어들이 그를 비평하는 사람들의 아이디어들보다 훨씬 더 낫다. | 3 1995년에 여자의 평균 연령은 남자의 평균 연령보다 2년이 더 낮았다.

작문 따라잡기 해석
1 The ears of a rabbit are longer than those of a cat. | 2 The grammar of English is easier than that of other languages. | 3 The life span of this animal is much longer than that of a turtle. | 4 Korea's economic growth is slower than that of other Asian countries | 5 Its atmosphere is thinner than that of the earth.

CHAPTER 12

도치 구문

DAY 100 There / Here ~

There are various kinds of beliefs about wolves.
늑대에 관한 다양한 믿음(설)이 있다.

there/here + 동사 + 주어

- 유도부사 there 또는 here가 맨 앞에서 문장을 이끌 경우 「주어 + 동사」 어순이 도치되어 동사가 먼저 오고 그 다음 주어가 온다. 단, 주어가 대명사일 때는 「주어 + 동사」 어순을 그대로 쓴다.
- 도치구문이므로 작문할 때 특히 주어와 동사의 수 일치에 주의해야 한다.
  ex) There is + 단수 / There are + 복수 : ~가 있다

| 예제 | 그 두 경쟁 회사 사이에는 여전히 협력의 여지가 있다.

STEP 1 There is → 「There + be동사 (~가 있다)」를 먼저 만든다.
STEP 2 There is **still room for cooperation**
→ 도치구문이므로 동사 다음에 올 주어를 만든다.
※ still 등의 부사는 be 동사 뒤에 넣는다
STEP 3 There is still room for cooperation **between the two competing firms.** → 뒤에 올 부사구를 마무리한다.

↳ 완성된 문장 _ There is still room for cooperation between the two competing firms.

예문 들여다보기

1. **There are** a plenty of opportunities in life for us to take a job.
2. **Here are** a few helpful tips to lead the way to a healthier life.
3. **There were** no motor vehicles and no factories in the island.
4. **There lived** a poor farmer in the village.

1 여기에 관광버스를 위한 시간표가 있다.

_____

timetable 시간표 | tour bus 관광버스

2 그 숲에는 수천의 다른 식물들과 동물들이 있었다.

_____

thousands of ~ 수천의 ~ | plant 식물 | forest 숲

3 옛날에, 아주 잘생긴 한 왕자가 살았다.

_____

handsome 잘생긴 | prince 왕자

4 당신 책상에 서명할 많은 서류들이 있습니다.

_____

a lot of 많은 | paper 서류 | sign up 서명하다

5 두려워할 것이 아무것도 없다.

_____

nothing to ~ ~아무것도 할 것이 없는 | be afraid of ~을 두려워하다

---

day 100 answers

예문 들여다보기 해석
1 우리 일생에서 직업을 구할 많은 기회가 있다. | 2 여기에 더 건강한 인생의 길로 이끄는 유용한 충고들이 있다. | 3 그 섬에는 자동차도 없고 공장도 없었다. | 4 그 마을에 한 가난한 농부가 살았다.

작문 따라잡기 해석
1 Here is a timetable for tour buses. | 2 There were thousands of different plants and animals in the forest. | 3 Once upon a time, there lived a very handsome prince. | 4 There are a lot of papers to sign up on your desk. | 5 There is nothing to be afraid of.

DAY 101 So + 동사 + 주어 / Neither(Nor) + 동사 + 주어

My teacher can speak Japanese, so can his wife.
나의 선생님은 일본어를 할 줄 아는 데, **그의 부인도 할 줄 안다.**

작문 포인트

> 긍정문 So + 동사 + 주어 : ~도 또한 그렇다
> 부정문 Neither(Nor) + 동사 + 주어 : ~도 역시 아니다

- 긍정문이 앞에 오고, 주어만 달리하여 같은 내용이 반복될 때는 "so +동사 +주어"의 도치 구문이 온다. 의미는 "~도 역시 그러하다"로 해석된다.
- 부정문이 앞에 오고 주어만 달리하여 같은 내용이 반복될 때는 "neither[nor] +동사 +주어"의 도치구문이 온다. 의미는 "~도 역시 아니다"로 해석된다.
- 위의 구문들은 반복을 간소화하기 위한 표현이므로 동사의 종류와 시제를 앞 문장과 반드시 일치시킨다. 즉, 조동사는 조동사로, be동사는 be동사로, 일반 동사는 do동사로 받는다.

| 예제 | 그녀는 힘든 시기에도 미소를 잃지 않았는데, 그녀의 남편도 그러했다.

STEP 1 She didn't lose her smile
→ 「주어 + 동사 ~」, 어순으로 수요 문장요소를 완성한다.

STEP 2 She didn't lose her smile **in hard times** → 부사구까지 완성한다

STEP 3 She didn't lose her smile in hard times, **and neither did his husband**.
→ 부정문의 반복이므로 「neither + 동사 + 주어」가 온다. 단, 동사의 종류와 시제를 반드시 일치 시킨다.

↳ 완성된 문장 _ She didn't lose her smile in hard times, and neither did his husband.

예문 들여다보기

1. Cultures rarely change, and **neither do their people**.
2. The United States is suffering from financial troubles, and **so is the rest of the world**.
3. I don't know the answer to the question, and **neither does she**.

1 난 그 냄새에 구역질이 나는데, 내 친구들도 그러하다.

_____

disgusting 구역질나는

2 인간은 옥수수를 먹는데, 소, 돼지, 닭들도 그러하다.

_____

human 인간 | corn 옥수수

3 나도 법 위에 있지 않으며(예외가 아니며), 나의 배우자도 역시 아니다.

_____

above ~ ~위에 | law 법 | spouse 배우자

4 그녀는 역에 나타나지 않았고, 그녀의 친구도 역시 나타나지 않았다.

_____

show up 나타나다 | station 역

5 나는 그 문제를 어떻게 다루어야 할지 몰랐고, 내 파트너도 역시 몰랐다.

_____

how to handle 어떻게 다루는지 | matter 문제

---

day 101 answers

예문 들여다보기 해석
1 문화는 좀처럼 변하지 않는데, 그(문화의) 사람들도 역시 변하지 않는다. | **2** 미국이 금융 위기를 겪고 있는데, 다른 나라들도 마찬가지다. | **3** 나도 그 문제의 답을 모르는데, 그녀도 또한 모른다.

작문 따라잡기 해석
1 I feel disgusting about the smell, and so do my friends. | **2** Humans eat corns, and so do cows, pigs and chickens. | **3** I am not above the law, and neither is my spouse. | **4** She didn't show up at the station, and neither did her friend. | **5** I didn't know how to handle the matter, and neither did my partner.

부정어 + 동사 + 주어

Little did I dream that my mom was there.
엄마가 거기에 계실 줄은 꿈에도 생각 못했다.

부정어 + 주어 + 동사 (도치 구문)

- few, little, never, seldom, hardly, rarely, scarcely, neither 등의 부정어구가 강조되기 위해 문장 맨 앞에 오면 동사의 종류에 따라 다음과 같이 주어와 동사가 도치된다.
  - 조동사가 쓰인 경우   주어 + 조동사 → 조동사 + 주어 + 동사원형
  - 자동사가 쓰인 경우   주어 + 동사   → 동사 + 주어
  - 타동사가 쓰인 경우   주어 + 동사   → do 대동사 + 주어 + 동사

| 예제 | 그녀는 오늘 아침에 한 마디도 하지 않았다.

- **STEP 1** Not a word → 강조할 부정어구를 먼저 만든다.
- **STEP 2** Not a word **did she say** → "동사+주어"의 도치 형태를 완성한다.
- **STEP 3** Not a word did she say **this morning**. → 부사구를 완성한다.

↳ 완성된 문장 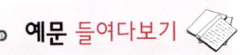 Not a word did she say this morning

예문 들여다보기

1. **Little did they know** how luckily they had survived from the fire.
2. **Seldom did he compose** many symphonies.
3. **Never have I heard** of such a song.

1 경찰은 살인범이 꼬마라는 것을 거의 알지 못했다. (1번 예문 참조)

_____

murderer 살인범 | kid 꼬마

2 초콜렛을 먹는 것은 전혀 스트레스를 완화시키지 못한다. (2번 예문 참조)

_____

relieve 완화시키다

3 나는 그런 심한(bad) 두통을 결코 겪어본 적이 없다. (3번 예문 참조)

_____

had a headache 두통을 겪다

4 그때 이래로 우리는 할아버지를 거의 찾아뵙지 않았다. (1번 예문 참조)

_____

Hardly 거의 ~않다 | visit ~를 찾아뵙다 | since then 그때 이래로

5 나는 그런 멍청한 사내를 결코 만나본 적이 없다. (3번 예문 참조)

_____

stupid 멍청한 | guy 사내

---

day 102 answers

예문 들여다보기 해석
1 그들은 얼마나 운 좋게 화재에서 살아남았는지 거의 알지 못했다. | 2 그는 많은 교향곡들을 작곡한 적이 거의 없다. | 3 나는 그런 노래를 결코 들어본 적이 없다.

작문 따라잡기 해석
1 Little did the police know that the murderer was a kid. | 2 Never does eating chocolate relieve a stress. | 3 Never have I had such a bad headache. | 4 Hardly did we visit (our) grandfather since then. | 5 Never have I met such a stupid guy.

DAY 103 부사(구) + 동사 + 주어

Only for her goal does she study hard.
오직 자신의 목표만을 위해 그녀는 열심히 공부했다.

작문 포인트

부사(구) + 동사 + 주어 (도치 구문)

- 부사(구)가 문장 앞으로 오면 동사의 종류에 따라 다음과 같이 주어와 동사가 도치된다. 특히 「only +부사(구, 절)」가 빈번히 문장 앞으로 오는 경향이 있다. 단, 주어가 대명사인 경우에는 도치 되지 않는다.

  - **조동사가 쓰인 경우**   주어 + 조동사 → 조동사 + 주어 + 동사원형
  - **자동사가 쓰인 경우**   주어 + 동사 → 동사 + 주어
  - **타동사가 쓰인 경우**   주어 + 동사 → do 대동사 + 주어 + 동사

| 예제 | 나는 그의 부끄러운 행동을 아주 잘 기억하고 있다.

STEP 1 Well → 강조할 부사(구)를 먼저 찾는다.
STEP 2 Well do I remember → "동사 + 주어"의 도치 형태를 완성한다.
STEP 3 Well do I remember his shameful conduct.
→ 동사 뒤에 문장요소를 완성한다.

↳ 완성된 문장 _ **Well do I remember his shameful conduct.**

예문 들여다보기

1. **Only through the hole can you see** the inside.
2. **At the end of the trunk are two muscles shaped** like fingers. •• trunk 대동맥
3. **In his honesty lies his strength**.

작문 따라잡기

1. 그의 뒤에 화난 자동차 운전자들의 긴 행렬이 있었다.

   behind ~뒤에 | parade 행렬, 줄 | motorist 자동차 운전자

2. 그때서야 나는 내가 실수를 했었다는 것을 깨달을 수 있었다.

   realize 깨닫다 | make a mistake 실수하다
   ※ 실수한 것은 깨닫기 전 일이므로 과거완료(had p.p.)를 사용한다.

3. 그 언덕 꼭대기에 오래된 학교 하나가 서 있었다.

4. 오직 엄청난 노력이 있어야만 너는 그 목표에 도달할 수 있다.

   only with ~가 있어야만 | great effort 엄청난 노력 | reach 도달하다

5. 뒤뜰에 아주 큰 사과나무 하나가 자라고 있었다.

   big 큰 | grow 자라다

---

day 103 answers

예문 들어다보기 해석
1 그 구멍을 통해서만이 너는 그 내부를 볼 수 있다. | 2 대동맥 끝에 손가락처럼 생긴 두 개의 근육이 있다. | 3 그의 장점은 정직함에 있다.

작문 따라잡기 해석
1 Behind him was a long parade of angry motorists. | 2 Only then could I realize that I had made a mistake. | 3 At the top of the hill stood an old school. | 4 Only with great efforts can you reach the goal. | 5 In the backyard was a big apple tree growing.

형용사 보어 + 동사 + 주어

Happy is he who is content with his circumstances.
자신의 환경에 만족하는 사람은 행복하다.

형용사 보어 + 동사 + 주어 (도치구문)

- 형용사 보어가 강조되기 위해 문장 맨 앞에 올 경우 어순은 「보어 + 동사 + 주어」로 도치된다. 특히, "so ~ that ..." 구문의 경우 주어와 동사를 잘 파악하는 것이 중요하다.
- 단, 주어가 대명사일 경우는 주어와 동사가 도치되지 않는다.

| 예제 | 규율이 너무 엄격하여 그녀는 학교를 그만두었다.

- **STEP 1** So strick → 강조할 보어를 먼저 찾는다.
- **STEP 2** So strick **was the discipline** → "동사 + 주어"의 도치 형태를 완성한다.
- **STEP 3** So strick was the discipline **that she dropped out of her school**.
  → "so ~ that ..." 구문이므로 that 이하를 '주어 + 동사' 어순으로 완성한다.

→ 완성된 문장 _So strick was the discipline that she dropped out of her school._

예문 들여다보기

1. Too sick **was she** that she dialed 911 on the phone.
2. So sharp **are eagles' eyes** that they can spot small dead animals from two miles away. •• spot 발견하다
3. Written on the ticket **is the term of validity**. •• validity 유효(성)

1 항상 남을 도우려고 애쓰는 사람들은 행복하다.

those who ~ ~하는 사람들 | try to ~ ~하려 애쓰다

2 지역주의 문제가 더 심각하다.

serious 심각한 | regionalism 지역주의

3 그녀의 사진이 그 티셔츠에 인쇄되어 있었다.

T-shirt 티셔츠 | print 인쇄하다

4 대화에서는 다른 사람들의 감정을 이해하는 것이 매우 중요하다.

others' 다른 사람들의 | conversation 대화

5 햇빛이 너무 밝아서 나는 눈을 뜰 수가 없었다.

bright 밝은 | sunlight 햇빛

---

day 104 answers

예문 들여다보기 해석
1 그녀는 너무 아파서 911에 전화했다. | 2 독수리의 눈은 너무 예리해서 2마일 떨어진 곳에서도 죽은 동물을 분간할 수 있다. | 3 유효기간이 그 티켓에 적혀 있다.

작문 따라잡기 해석
1 Happy are those who always try to help others. | 2 More serious was the problem of regionalism. | 3 Printed on the T-shirt was her picture. | 4 Very important is to understand others' feelings in the conversation. | 5 So bright was the sunlight that I couldn't open my eyes.

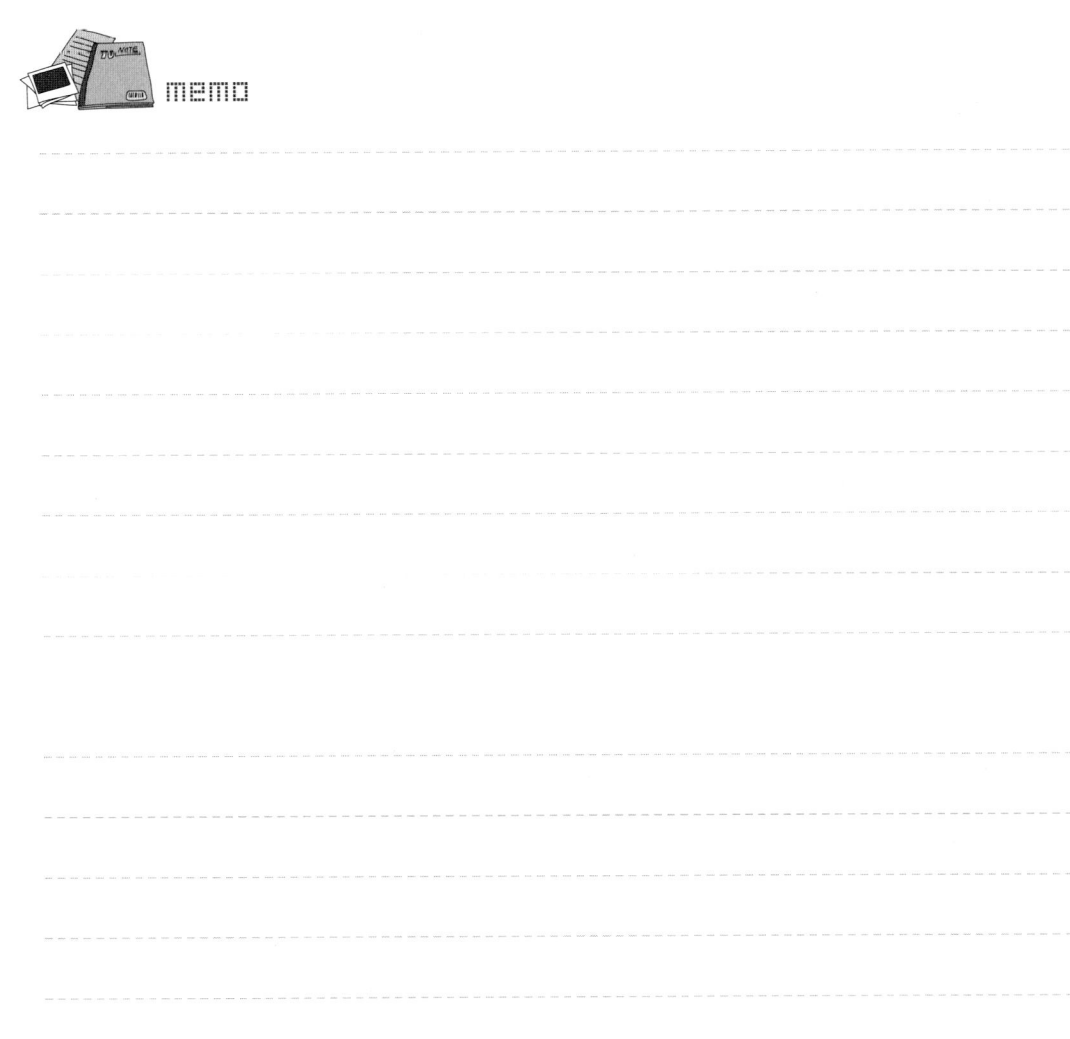